乡村振兴与乡村教育系列丛书

★★★ 以家庭功能为视角 ★★★

农村低龄寄宿生的生存境遇及改善对策

赵丹 于晓康 著

知识产权出版社

全国百佳图书出版单位

—北京—

图书在版编目（CIP）数据

农村低龄寄宿生的生存境遇及改善对策：以家庭功能为视角／赵丹，于晓康著. —北京：知识产权出版社，2020.12

ISBN 978-7-5130-7247-2

Ⅰ. ①农… Ⅱ. ①赵… ②于… Ⅲ. ①农村学校—小学教育—研究—中国

Ⅳ. ①G622.0

中国版本图书馆 CIP 数据核字（2020）第 200079 号

责任编辑：韩婷婷		责任校对：谷　洋	
封面设计：张　悦		责任印制：孙婷婷	

农村低龄寄宿生的生存境遇及改善对策：以家庭功能为视角

赵　丹　于晓康　著

出版发行：知识产权出版社有限责任公司		网　　址：http：//www.ipph.cn	
社　　址：北京市海淀区气象路 50 号院		邮　　编：100081	
责编电话：010-82000860 转 8359		责编邮箱：176245578@qq.com	
发行电话：010-82000860 转 8101/8102		发行传真：010-82000893/82005070/82000270	
印　　刷：北京虎彩文化传播有限公司		经　　销：各大网上书店、新华书店及相关专业书店	
开　　本：710mm×1000mm　1/16		印　　张：10.75	
版　　次：2020 年 12 月第 1 版		印　　次：2020 年 12 月第 1 次印刷	
字　　数：180 千字		定　　价：56.00 元	

ISBN 978-7-5130-7247-2

本书项目资助：

国家自然科学基金面上项目"基于集群发展的乡村小规模学校教育质量提升研究"（71874140）

陕西省软科学项目"陕西省乡村小规模学校集群发展模式的构建研究"（2019KRM098）

陕西省社会科学基金"农村小规模学校教育质量评估及提升机制研究"（2017P010）

西北农林科技大学西部发展研究院项目"深度贫困地区乡村小规模学校教育质量困境及提升对策研究"（2018XBYD002）

西北农林科技大学农村固定观测点专题项目"义务教育均衡发展背景下农村低龄寄宿儿童的生存境遇与干预机制研究"（2017RWZX02）

目　　录

第一章 导 论

一、研究背景和意义

1. 研究背景

近年来，为推进义务教育群体均衡发展，保证教育公平，让更多的学生尤其是偏远农村地区的学生在县镇中心学校享受到优质的教育资源和服务，国家实施了"农村寄宿制学校建设工程"和"农村薄弱学校改造计划"等项目。为推进义务教育进一步均衡发展，尤其是完善农村寄宿制学校的建设，国家陆续出台了相关政策规范寄宿制学校管理，支持寄宿制学校发展。这些政策对寄宿制学校规范化建设和经费保障上做出了规定和支持。经过社会各方多年的努力，农村寄宿制办学已取得明显成效。根据教育部统计，截止到 2018 年全国新建、改扩建学生宿舍 2936 万平方米、学生食堂 1316 万平方米，购置学生用床、食堂、饮水、洗浴等生活设施设备 1809 万台（件、套）。农村寄宿学校学生"睡通铺、站着吃饭、洗不上澡"现象基本消除[1]，这对于缩小城乡教育差距，促进区域内义务教育的均衡发展起到了极为重要的作用。

目前，农村寄宿制学校已经成为中西部地区义务教育的承载主体，在保障着农村义务教育的普及方面发挥着重要作用，尤其是偏远地区的农村学生及家庭，对寄宿制学校教育存在较大需求，全国农村寄宿生群体规模呈现出逐步扩大的趋势。据教育部统计，截至 2015 年年底，我国农村地区（含镇区和乡村）义务教育寄宿生人数已经达到 2636.5 万人，占农村地区在校生总数的 27.8%[2]。与此同时，寄宿制办学形式正逐渐从西部向中东部推进，农村中小学实行寄宿

---

[1] http://www.moe.gov.cn/jyb_xwfb/s5147/201902/t20190227_371408.html.

[2] http://www.moe.edu.cn/jyb_xxgk/xxgk_jyta/jyta_ddb/201610/t20161019_285635.html.

制已是大势所趋。但近年来，农村中小学寄宿生的构成也出现了新的特点，一是寄宿生中留守儿童比例不断上升，二是寄宿低龄化趋势明显。

国家近年政策也突出关注了留守儿童的寄宿教育，强调了要发挥寄宿制学校教育的主体作用，解决好农村留守儿童公平接受教育问题。《国家中长期教育改革和发展规划纲要（2010—2020年）》首次提出"加快农村寄宿制学校建设，改扩建劳务输出大省和特殊困难地区农村学校寄宿设施，优先满足留守儿童住宿需要"。2018年5月国务院办公厅发布《关于全面加强乡村小规模学校和乡镇寄宿制学校建设的指导意见》❶，提出"充分发挥寄宿制学校全天候育人和农村教育资源的独特优势，合理安排学生在校时间，进一步完善农村留守儿童教育关爱体系，优先满足他们的寄宿需求，配齐照料留守儿童生活的必要服务人员，使乡镇寄宿制学校真正成为促进孩子们身心健康成长的重要阵地"。这表明，国家对于寄宿制学校的办学提出了更高的要求：寄宿制学校应发挥独特优势，完善育人模式，尤其要做好留守儿童教育关爱工作。

另外，越来越多的农村孩子从小学便离开家开始全新的寄宿生活，寄宿低龄化趋势明显，尽管教育部提出意见"要求农村小学1—3年级学生原则上不寄宿"，但据国家审计署2013年《1185个县农村中小学布局调整情况专项审计调查结果》显示，有45%的寄宿制学校存在1—3年级低龄学生寄宿的情况，所以低年级寄宿现象在农村十分普遍。截至2015年底，我国农村小学寄宿生总数达955.2万人，寄宿率为14.4%，在西部农村地区，小学寄宿生比例更达到21.1%❷。因此，要承认低龄寄宿是个无法回避的客观事实，为接受低龄寄宿学生的学校投入专门的资源❸。

农村寄宿生的生存境遇也不容乐观，媒体做了大量报道，《中国青年报》报道的《寄宿青春——中国农村留守儿童报告之二》，讲述了留守女孩寄宿11年，身体发育受骚扰，不敢接触男生，展示了"缺乏感"伴随着寄宿学生，尤其是留守儿童寄宿生的整个青春❹。《工人日报》报道了农村寄宿生"夏天宿舍没有风扇，两三个孩子挤在一张床上；六七岁住校，夜里哭泣着想妈妈却无人安慰；

---

❶ http://www.gov.cn/zhengce/content/2018-05/02/content_5287465.htm.

❷ http://www.moe.edu.cn/jyb_xxgk/xxgk_jyta/jyta_ddb/201610/t20161019_285635.html.

❸ 侯海波，吴要武，宋映泉. 低龄寄宿与农村小学生人力资本积累——来自"撤点并校"的证据[J]. 中国农村经济，2018（7）：113-129.

❹ http://zqb.cyol.com/html/2016-11/23/nw.D110000zgqnb_20161123_1-10.htm.

中耳炎、扁桃体炎、蛀牙、皮肤病成为住校生常见病……"❶《中国教育报》报道"高年级和低年级学生住一个宿舍，后来发现有个高年级孩子经常拿拖鞋打一个一年级孩子，夜里也不准他上厕所"。农村寄宿制学校的硬件建设虽然在不断改善，但我国贫困地区地域广阔，寄宿制学校数量多、分布散，硬件条件的提升仍然任重道远，且寄宿生尤其是低龄寄宿儿童的精神文化建设和心理状态的改善也急需关注。

众所周知，对于儿童而言，家庭是个体身心发展的重要场所，对其心理发展发挥着不可替代的作用，是个体发展状况的重要影响因素❷。党的十八大以来，习近平总书记在多次会议上强调家庭教育对于儿童的重要作用，"家庭教育最重要的是品德教育，是如何做人的教育"。2016 年 11 月教育部等九部委发布了《关于指导推进家庭教育的五年规划（2016—2020 年）》，强调了积极发挥家庭教育在少年儿童成长过程中的重要作用，并要求充分发挥学校在家庭教育中指导服务阵地的作用❸。对于正处于身体、认知和社会性发展关键时期的孩子，家庭教育在培养孩子良好的品行、养成孩子良好的行为习惯、培养孩子的意志等方面具有奠基作用。但寄宿制学校的学习、生活方式，加之大量的寄宿生不仅低龄又有留守儿童的身份，家庭教育的缺失削弱了家庭功能，从而导致一定的心理、教育、健康、安全的问题，这势必会对低龄寄宿儿童的发展造成消极的影响。

低龄寄宿儿童的健康成长离不开舒适、安全、愉悦的优质生活境遇的支持，不良的生存境遇不仅影响寄宿儿童身心的健康成长，甚至可能造成伴随终身的心理创伤。因此，农村寄宿制学校应着眼于学生的终身发展，努力实现教育角色的转变，针对低龄寄宿儿童的生理和心理特征，赋予学校家庭功能，将义务教育资源的配置和寄宿制学校管理向人性化方向转变，从"学校中心"向"儿童中心"回归，改变以往"见物不见人"的思维模式，保障低龄寄宿儿童完整的健康成长环境，把学校由"学习中心"向"生活中心"回归，对低龄寄宿儿童的管理从"管人"向"保育服务"转变，以此弥补家庭功能之不足。这就是改善低龄寄宿儿童生存境遇，促进其身心健康成长的基本方向。

---

❶ http://society.workercn.cn/14/201505/08/150508062208708.shtml.

❷ 边玉芳，梁丽婵，张颖. 充分重视家庭对儿童心理发展的重要作用[J]. 北京师范大学学报（社会科学版），2016（5）：46-54.

❸ http://www.moe.gov.cn/jyb_xxgk/moe_1777/moe_1779/201702/t20170220_296761.html.

2. 选题的价值和意义

本研究结合义务教育均衡发展的教育背景，从社会学和人口学的角度关注农村低龄寄宿儿童群体，对于坚持社会的公平正义有着重要的理论价值和现实意义。

（1）理论价值：第一，主张由"学校中心"向"儿童中心"回归，为义务教育资源配置和寄宿制学校管理向人性化方向奠定理论基础。这一主张将改变以往"见物不见人"的思维模式，为保障低龄寄宿儿童完整生活提供了制度设计的理论基础。第二，主张由"学习中心"向"生活中心"回归，为低龄寄宿儿童管理从"管人"向"保育服务"转变提供了新的理论视角。

（2）应用价值：第一，对低龄寄宿儿童群体的剖析，有助于社会了解这一群体和引起政府层面的关注。社会群体从形成到进入大众视野需要学者持续的关注和宣传引领，本研究有助于低龄寄宿儿童问题成为政策议题。第二，构建低龄儿童生存境遇改善干预机制，为政府改进儿童福利提供政策参考。改善弱势群体的不利地位是社会公平正义的表现，如何改进则需要学者的理性与管理者的激情。第三，关注农村低龄寄宿儿童群体，为推进义务教育城乡群体均衡提供了新思路。关注农村弱势儿童成长的境遇，关注儿童的全面发展，改善低龄寄宿儿童不利处境，有利于缩小城乡义务教育质量差距。

二、概念界定

1. 农村寄宿制学校

农村寄宿制学校是指为了适应农村人口居住分散的特点，解决学生上学远、上学难问题，保证农村适龄儿童、少年完成义务教育而实行的一种特殊办学模式[1]。本研究所指农村寄宿制学校，是指农村地区义务教育阶段公立小学或九年一贯制学校，其具备基本的教学、食宿条件，能为寄宿学生提供基本生活服务，包括全寄宿制和走读寄宿混合制两种类型。我国中西部地区农村学生多居住在农牧区、山区和边境地区，居住分散，流动性大，交通不便，实行寄宿制有利于提高学龄儿童的入学率和巩固率，有利于提高教学质量。尤其是 2001年以来，我国实施了以"撤点并校"为主要形式的学校布局调整政策，大量农

---

❶ 郭清扬. 义务教育均衡发展与农村寄宿制学校建设[J]. 教育与经济，2014（4）：36-43.

村小规模学校被撤并，建设寄宿制学校成为各地解决儿童远距离入学的重要选择。所以，农村寄宿制学校的产生和发展符合我国国情，满足了我们农村教育的需要，得到了国家政策的充分肯定和大力推动，现在已成为我国农村地区主要的办学模式之一。

2. 低龄寄宿生

随着农村中小学布局调整的不断推进，寄宿学校的需求面也越来越广，寄宿生也开始由当初的小学高年级向低年级蔓延，我国《义务教育法》规定，凡年满六周岁的儿童，其父母或者其他法定监护人应当送其入学接受并完成义务教育；条件不具备的地区的儿童，可以推迟到 7 周岁。因此本研究所指的低龄寄宿生是指小学 1—3 年级，年龄在 6—9 岁，由于上学路远、家庭贫困、父母外出务工等原因，不得不选择寄宿的儿童。

小学 1—3 年级是儿童从学龄前期转到学龄期的阶段，也是小学生自我意识发展较快的时期。进入学校使儿童心理发展发生重大转折，学校的学习活动进一步加强了儿童对自己的认识，使儿童从不同角度对自己有了新的认识。在这种情况下，儿童心理发展与环境要求发生较大矛盾，儿童如果积极适应这一环境，便能促使心理水平较快地发展[1]。

3. 家庭功能

家庭是社会的基本单位，是个体身心发展的重要场所。对家庭功能的界定是建立在家庭功能的理论基础上的。目前有关家庭功能的理论主要有两种取向：一种是家庭功能的评价；另一种是家庭功能的作用。

（1）家庭功能的评价

一是结果取向型的家庭功能理论；二是过程取向型的家庭功能理论。准确地讲两类理论提供的是对家庭功能效果判定标准。

结果取向。根据家庭功能发挥的结果把家庭划分为健康与否的类型。Olson[2]的环状模式理论，认为家庭功能是家庭系统中的有效性，通过描绘家庭功能的 3 个维度，即家庭亲密度、家庭适应性和家庭沟通，来评价家庭功能。Beavers[3]

---

[1] 韩进之，魏华忠. 我国中、小学生自我意识发展调查研究[J]. 心理发展与教育，1985（1）：11–18.

[2] Olson D H, Sprenkle D H, Russel C S. Circumplex Model of Marital and Family System: I. Cohesion and Adaptability Dimensions, Family Types and Clinical Applications[J]. Pubmed, 1979, 18(1).

[3] Beavers W R, Hampson R. The Beavers Systems Model of Family Functioning[J]. Journal of Family Therapy, 2000, 22（2）：128–143.

的系统模式理论，认为家庭系统的应变能力与家庭功能的发挥之间是一种线性关系。从家庭系统的应变能力的两个维度考察家庭功能发挥的效果，包括一是家庭在关系结构、反应灵活性等方面的特征；二是家庭成员的交往风格。

过程取向。根据家庭功能实现的过程顺畅与否，判定家庭功能如何。McMaster 家庭功能模式理论，Epstein 等❶认为家庭的基本功能是为家庭成员生理、心理、社会性等方面的健康发展提供一定的环境条件，为实现基本功能，家庭系统必须完成一系列任务。从问题解决能力、沟通、家庭角色分工、情感反应能力、情感卷入程度、行为控制 6 方面判断家庭功能发挥良好与否。家庭过程模式理论，Skinner 等人❷认为家庭的首要目标是完成各种任务，完成任务过程中，发挥了家庭的各项功能。该理论提出了评价家庭功能的 7 个维度：任务完成、角色作用、沟通、情感表达、卷入、控制和价值观。

（2）家庭功能的作用

所谓家庭功能，是指家庭在人类生活和社会发展方面所能起到的作用，即家庭对人类的功用和效能。对于家庭的多种功能，不同的学者有不同的概括和分类，根据《马克思主义百科要览》，家庭功能有 6 个方面：经济功能，组织家庭的生产与消费，满足家庭成员基本生活的需要；生育功能，满足人类社会子孙繁衍的需要；性爱功能，满足个人生理上的需要；抚养和赡养功能，满足对未成年人的抚养和老人赡养的需要；教育功能，家庭是儿童社会化的摇篮，是青少年教育中的第一所学校；感情和娱乐功能。由于现代社会第三产业的发展和生产社会化程度的提高，家庭的部分功能发生外移，如经济功能中的生产功能、教育功能、赡养功能已经部分地转移到社会，由社会专门组织如生产组织、学校和养老院等机构来承担，而家庭的性爱、感情功能却在日益增强❸。Zimmerman 把家庭功能概括为：群体成员之间的抚养和照顾；通过生殖和收养增加新成员；儿童的社会化；对成员的社会控制；对食品和劳务的生产、分配和消费；通过爱来维护的道德和动机。邓伟志、徐榕等（2001）分别从经济功能、生育功能、性生活功能、抚养和赡养功能、教育和社会化功能、感情交流

---

❶ Miller I W，Ryan C E，et al. The McMaster Approach to Families：Theory，Assessment，Treatment and Research. Journal of Family Therapy，2000，22：168－189.

❷ Skinner H，Steinhauer P. Family Assessment Measure and Process Model of Family Functioning. Journal of Family Therapy，2000，22（2）：190－210.

❸ 廖盖隆，孙连成，陈有进，等. 马克思主义百科要览·下卷[M]. 北京：人民日报出版社，1993：1615.

功能、休息和娱乐功能、宗教功能和政治功能等方面来具体阐述了家庭的功能[1]。朱强（2012）将家庭的基本功能划分为以下 7 种：生产功能（家庭功能的物质基础），生育功能（家庭是生育的基本单位），抚养和赡养的功能（家庭的基本功能），教育功能（家庭是第一所学校），家务劳动功能，娱乐、情感慰藉功能，政治、宗教功能[2]。

根据各学者的研究，笔者认为，家庭是以婚姻为基础、以血缘为主要纽带而形成的社会生活的基本单位。第一，家庭对儿童的第一个功能是抚养功能，是实现社会继替必不可少的保障，家庭对儿童的抚养是义不容辞的法定责任，包括向儿童提供吃、穿、住、医疗等必需的条件，照顾儿童的生活，保障未成年人得以生存和身体健康，采取有效措施以保护儿童的安全。第二，社会人口的生产以及与此相联系的劳动后备力量的培养与训练，是社会存在与发展的需要，因此，家庭的作用不仅在于为社会提供一个生物人，更重要的是它还必须为社会培养一个"社会人"，所以，家庭最基本的功能是对人起培育作用的社会化[3]，即教育功能，家庭教育不仅是家庭永恒的功能，也是教育体系中的重要组成部分，是一项培养人的社会实践活动。第三，家之所以如此让人眷念，与其具有的情感功能是分不开的。儿童的人格发展、情感的慰藉和精神的寄托都与家庭紧密联系在一起，在受负面情绪困扰时，儿童更渴望从身边的人和物中得到最大限度的心灵慰藉，从而释放出内心不良的情绪。

4. 生存境遇

根据《汉语大词典》的释义，"生存"的基本解释是"保存生命"，即活着，让生命持续；"境遇"即"境况和遭遇"。有学者对比"环境"与"境遇"的区别指出，"环境"是指周围的境况，包括自然环境与社会环境；"境遇"是指所遇到的境地与境况[4]，"境遇"比"环境"更现实，更个性化，它是指与每个个体现实地发生着关系的，是我们感受到的相互影响的环境[5]，所以"生存境遇"有客观物质和主观精神两个方面，是个体的生活和生存状态，是体现生活质量

---

[1] 朱强. 家庭社会学[M]. 武汉：华中科技大学出版社，2012：67.

[2] 朱强. 家庭社会学[M]. 武汉：华中科技大学出版社，2012：109−110.

[3] 罗斯·埃什尔曼. 家庭导论[M]. 潘允康，等，译. 北京：中国社会科学出版社，1991：508.

[4] 一峰. "环境""境遇""规定情景"与境——范钧宏戏曲编剧论著学习札记[J]. 民族艺术，1993（1）：29−44.

[5] 蔡春，易凌云. 在"境遇"中"生长"——论杜威的伦理与道德教育思想[J]. 集美大学学报，2004，5（3）：18−29.

的现实因素❶。

低龄寄宿生的生存境遇不仅包含客观的生存环境，还包含着低龄寄宿生对自己生活、学习世界的体验与感受，是客观环境与主观感受综合而成的混生体❷。低龄寄宿生如果能够体验到一种积极生存的感受，那么其生存境遇便是优质的，反之，低龄寄宿生面临的生存境遇则是不尽如人意的。

作为低龄寄宿生，主要的生活、学习场所是学校，所以寄宿制学校的环境是其生存境遇的物质基础与真实场景。寄宿制学校教育的本质就是为寄宿生创建一种适合其成长、发育的生存环境，寄宿生与学校生存环境之间构成了一种内嵌与环绕关系，寄宿生在学校生存环境的整体状态就是寄宿学校生存境遇。要想研究低龄寄宿生的生存境遇，既要关注其物质层面的基本需要，也要关注其精神层面的需要。

5. 校园欺凌

校园欺凌是发生在学生之间的一种失范行为，相互带有欺凌，但不是犯罪。校园暴力是犯罪，是违法行为。二者之间有时候会有一些交集。校园欺凌有时候可能带有轻微的违法性质。

校园欺凌的特点，第一是发生在青少年之间，主体是青少年。第二是欺凌，不是玩笑。第三是带有一种不成熟的行为方式，炫耀力量，炫耀关系，炫耀地位。第四是手段有的时候可能很残忍，这种残忍也许是他自己无法评估、无法把握的，他不知道后果，这是校园欺凌❸。

三、文献综述

1. 家庭教育问题的研究

关于家庭教育的重要性，学者们进行了重点关注。Bowlby J（1973）研究发现儿童与父母形成的依恋是个体早期最为重要的情感联结，儿童与依恋对象

---

❶ 李路路, 王鹏. 转型中国的社会态度变迁（2005—2015）[J]. 中国社会科学, 2018（3）: 83-101, 207.

❷ 龙宝新. 当代中国儿童成长的教育境遇及其改善[J]. 吉首大学学报（社会科学版）, 2019, 40（3）: 69-77.

❸ http://www.moe.gov.cn/jyb_xwfb/xw_zt/moe_357/jyzt_2017nztzl/2017_zt01/17zt01_bztjg/201703/t20170314_299502.html.

在一起时有安全感和愉悦感，而分离则会产生严重焦虑感[1]。Steinberg L 等（1989）研究发现，家庭关爱可以正向预测儿童的社会适应度，负向预测儿童的行为问题[2]。Chang L（2013）提出家庭在儿童人格养成、情感发展中发挥着关键性作用，家庭关爱尤其是父母关怀与儿童自我概念之间存在着明显正相关[3]。

对于不良家庭教育可能引发的问题，洪明（2012）提出，家庭溺爱型教养方式是造成不良家庭教育的主要原因，小学、中学阶段是家庭教育问题的高发期，厌学、自我管理差、亲子关系不良是其最主要的表现形式，男孩问题比女孩更突出[4]。范先佐、郭清扬（2015）发现，留守儿童的父母因工作忙碌、教育意识不强，往往置子女的要求和情感于不顾，甚至有人外出多年都没有回家看过孩子，平时和孩子的联系也很少，学生在关键生长期处于与父母分隔两地的状态。在此种情况下，由于缺乏个体生长及社会化过程中最为关键的家庭教育，寄宿易催生亲子沟通不畅、亲子关系淡化等不良问题[5]。对于因寄宿导致的家庭教育缺失，王树涛、毛亚庆（2015）提出，适度拉近低龄留守寄宿儿童以及女童之间的生活距离，有利于弥补其家庭功能的不足。研究发现对于低龄儿童或女童，同一宿舍住 13—18 人，同一床睡 2 人的社会情感能力最高，这说明适度拉近他们的生活距离能够较好满足低龄儿童的同伴依恋及女童的亲密需求[6]。

2. 农村寄宿制学校的职能探究

农村小学撤点并校后，我国义务教育阶段农村寄宿制学校大量增加，寄宿制学校逐渐成为我国农村地区重要的办学模式，留守儿童也成为主要的学生群体。社会现实赋予寄宿制学校新的工作内容和形式，学校的职能正在扩大、转变，尤其是家庭监护和教育的部分功能正在被学校承担。下面文献重点回顾了，

---

[1] Bowlby J. Attachment and loss[J]. Educational Psychology in Practice，1973.

[2] Steinberg L，Elmen J D，Mounts N S. Authoritative Parenting，Psychosocial Maturity，and Academic Success Among Adolescents.[J]. Child Development，1989，60（6）：1424-1436.

[3] Chang L，Mcbride-Chang C，Stewart S，et al. Life Satisfaction，Self-concept，and Family Relations in Chinese Adolescents and Children[J]. International Journal of Behavioral Development，2003，27（2）：182-189.

[4] 中国青少年研究中心. 当前我国家庭教育的焦点难点问题透视[J]. 教育科学文摘，2013（1）.

[5] 范先佐，郭清扬. 农村留守儿童教育问题的回顾与反思[J]. 中国农业大学学报（社会科学版），2015（1）：55-64.

[6] 王树涛，毛亚庆. 寄宿对留守儿童社会情感能力发展的影响：基于西部 11 省区的实证研究[J]. 教育学报，2015（5）：111-120.

除了传统学校教育教学、政教德育和后勤财务三个主要职能外，学者们对寄宿制学校新的属性的研究。

英国的克拉伦登委员会（Clarendon Commission）曾对英国的寄宿制学校评价道："良好的寄宿学校生活是对经验的扩大或额外的鼓励和刺激，这将发展和强化学生的性格并释放他们的全部能量。"英国厄平罕公学校长思林（Edward Thring）也曾指出："没有什么东西比寄宿制学校更有利于培养学生的个性及价值观念。"西部农村寄宿制小学应该充分发挥寄宿制学校的优势功能，合理安排学生在校的学习与生活时间，有效开发各种课内外的教育教学资源，促进学生知情意行、全面健康发展。中国科学院农业政策研究中心的一份研究报告表明，农村寄宿制学校的管理干预，对于学生的身心健康和在校生的巩固率都有重要影响。

（1）留守儿童监护功能

在撤点并校政策实施的前期，严鸿和、朱霞桃（2006）从政策建议角度提出了在现阶段，农村寄宿制学校可以减少父母外出对"留守儿童"产生的不利影响，建议在留守儿童较多的地区尽可能实行"寄宿制"，更好发挥教师的主导作用[1]。李慧敏（2017）也提出，大力发展寄宿制学校是撤点并校政策实施后解决农村教育问题的重要手段，农村地区的寄宿制学校除了具有普通寄宿制学校的优点外，还应被看成是缓解留守儿童问题的良策[2]。另一方面，董世华（2013）从农村学生的角度，关注到其现实性需求，随着大量教学点和小规模学校的撤并，小学生寄宿需求日益增强，另外，随着大量农村剩余劳动力外出务工，农村留守儿童教育问题逐步显现，所以现实情况赋予了寄宿制学校新的功能，即弥补家庭监护和教育的缺失[3]。

学者们也通过实证调查，反映了目前留守儿童对学校监护的需求。贾勇宏（2012）基于对全国9省（自治区）的调查发现，留守儿童有着更高的安全监护需求和生活学习指导需求，所以留守儿童家庭有着相对更高的家庭监护负担，进而使留守儿童比非留守儿童有更高的寄宿需求，在1940名小学3—9年级留守儿童中，寄宿生的比例为57.0%，而在1722名非留守儿童中，寄宿生的比例

---

❶ 严鸿和，朱霞桃. 寄宿制学校对农村"留守儿童"教育影响的调查[J]. 现代中小学教育，2006（1）.

❷ 李慧敏. 农村寄宿生生活现状及改善对策探究[J]. 教学与管理，2017（36）：65–67.

❸ 董世华. 我国农村寄宿制学校发展趋势及特征的实证分析——基于五省部分县（市）的调查数据[J]. 现代教育管理，2013（3）：22–28.

只有 41.5%[1]。郭清扬（2014）对中部地区部分县市 4304 名学生的问卷调查同样发现了，留守儿童的寄宿需求更强烈，1974 名寄宿生中有 1271 人是留守儿童，占全部寄宿生的 64.4%[2]。留守儿童寄宿在校是家庭监护职能向寄宿学校的延伸，也是监护权利向寄宿学校的让渡，现有数据反映出寄宿制学校已经成为行使留守儿童监护职能的主体之一。但是王树涛、毛亚庆（2015）也提出，在学校寄宿条件不佳的情况下，寄宿不仅没能发挥对留守儿童家庭监护缺失的替代作用，反而成为影响留守儿童社会情感能力发展的负面因素。

（2）家庭教育的功能

所谓儿童社会化，是指儿童在一定的社会条件下逐渐习得各种社会规范，正确处理人际关系，妥善自治，从而取得社会生活适应性的过程[3]。儿童期是个体社会化的关键时期，家庭是儿童最先接触的基本社会单位，所以家庭教育是实现儿童初级社会化的重要途径。汪淳玉、潘璐（2012）提出，在中国的撤点并校教育政策推动下，父母在儿童教育与社会化过程中的缺位，因寄宿制学校而得到制度化的加强[4]。郭清扬（2014）提出，在家庭功能不健全的情况下，学校应成为留守儿童社会化过程中一个极其重要的场所，理应全面承担起留守儿童的教育与管理的责任。如果学校能给予留守儿童更多的关爱与帮助，将会在很大程度上弥补他们家庭教育上的缺憾和保证他们公平接受教育[5]。贺武华（2015）认为，学校的整合推动了学生间、学生与老师间的社会交往，原来一所学校一两个教师，现在至少是十多个教师，原来是十几名学生现在是数百名学生，学校的氛围因"人气"而不同，每一个个体都有了更大的生活群体[6]。

范先佐等（2015）提出，学校寄宿的集体生活可以增强师生、同伴之间的互动，提高他们的生活自理能力和与人合作的能力，对于他们的成长无疑具有

---

❶ 贾勇宏. 农村中小学布局调整中的弱势伤害与补偿——基于全国 9 省（区）的调查[J]. 教育发展研究，2012，32（21）：22-29.

❷ 郭清扬. 义务教育均衡发展与农村寄宿制学校建设[J]. 教育与经济，2014（4）：36-43.

❸ 王勇. 论家庭教育与儿童社会化[J]. 兰州学刊，2005（5）.

❹ 汪淳玉，潘璐. "文字上移"之后——基于三地农村小学寄宿生学习生活现状的研究[J]. 中国农业大学学报（社会科学版），2012（4）：44-52.

❺ 郭清扬. 义务教育均衡发展与农村寄宿制学校建设[J]. 教育与经济，2014（4）：36-43.

❻ 贺武华. 农村寄宿制学校办学发展的价值重构与功能再造[J]. 浙江社会科学，2015（3）：96-102，159.

积极的作用❶。因此要弥补留守儿童家庭教育上的缺憾和保证他们公平接受教育，搞好农村寄宿制学校建设不失为一种最佳选择。

（3）情感关怀的功能

范先佐（2013）提出，农村留守儿童由于父母双方或一方已离开家庭外出打工，他们很难得到父母的关怀，而关怀与被关怀是孩子的基本情感需求。如果家庭不能满足孩子对于关怀的需求，就需要从其他途径寻求有力的责任者来满足孩子的情感需求。而学校就是这样一种机构和责任者，因为学校是负有培养人这一特殊使命的场所，在寄宿制学校可以增强师生、同伴之间的交往，在一定程度上能消解留守儿童的心理问题❷。王海英（2011）提出，寄宿制小学的办学方向应该确定为亲情化的学习乐园，由于小学生正处于特殊成长阶段，在促进学生的心理发展方面应该关注亲情化，在学生的身体与智能发展方面应该关注快乐学习，要把学校办得像家庭一样，通过建立各种亲情化的管理制度与管理措施，让孩子在学校体会家庭般的温暖❸。

（4）经济和社会功能

由于寄宿生比例不断上升，寄宿制教育的经济和社会功能日益显现。一方面，董世华（2013）提出，面对农村留守儿童寄宿比例的不断上升，寄宿制学校教育通过科学的机制设计，可以解除农村外出务工人员的后顾之忧，从而保障农村剩余劳动力的转移，促进社会经济的发展❹。范先佐（2013）认为，寄宿制学校可以解决留守儿童无人照看、学习和安全得不到保障的问题❺，从而解决社会问题，实现学校的社会功能。但是另一方面，张燕（2017）提出，学生寄宿后，长时间感受不到乡村文化中的亲情和伦理关系，对农村文化的感情也随之越来越淡漠。由于学生这一年轻主体的缺位，乡村文化的传承会受到很

---

❶ 范先佐，郭清扬. 农村留守儿童教育问题的回顾与反思[J]. 中国农业大学学报（社会科学版），2015（1）：55-64.

❷ 范先佐. 义务教育均衡发展与农村教育难点问题的破解[J]. 华中师范大学学报（人文社会科学版），2013（2）：148-157.

❸ 王海英. 西部农村寄宿制小学：问题与对策[J]. 湖南师范大学教育科学学报，2011，10（5）：56-59.

❹ 董世华. 我国农村寄宿制学校发展趋势及特征的实证分析——基于五省部分县（市）的调查数据[J]. 现代教育管理，2013（3）：22-28.

❺ 范先佐. 义务教育均衡发展与农村教育难点问题的破解[J]. 华中师范大学学报（人文社会科学版），2013（2）：148-157.

大影响❶。因此，寄宿制学校更应该注重加强其社会功能。

（5）寄宿制学校是提升学生身体素质的平台

寄宿制学校建设不仅解决了布局调整后农村学生上学距离远的问题，也在一定程度上解决了农村学生营养不良问题。2011 年 11 月，农村义务教育学生营养改善计划启动实施，至 2018 年已经有 1631 个县实施了该计划，受益学生人数达 3700 万，该计划保证了学生不仅能够"吃饱"，更能够"吃好"。据中国疾病预防控制中心跟踪监测表明，2017 年营养改善计划试点地区男、女生各年龄段的平均身高比 2012 年高 1.9 厘米和 2.0 厘米，平均体重多 1.3 千克和 1.4 千克，高于全国农村学生平均增长速度。学生营养不良问题得到缓解，从 2013 年的 19.0%下降到 16.0%，贫血率从 2012 年的 17.0%降低到 7.6%，学生生长发育得到有效保障，身体素质得到明显提升❷。农村寄宿制学校的建设充分展现了集中对贫困学生进行营养干预、改善其营养状况和身体素质的平台效应。

齐良书等（2012）通过研究校园餐对贫困地区寄宿生的营养干预，发现校园科学的供餐配置对于小学寄宿生（12 岁及 12 岁以下）的人力资本发展有着十分明显的效果，不仅表现为体质、体能的改善，还表现为学习成绩的提高，因此在寄宿制学校开展营养干预对于广大贫困地区年轻一代的人力资本发展至关重要❸。

3. 农村寄宿制学校建设的问题

李慧敏（2017）针对当下寄宿制学校面临的问题，深入反思了寄宿制教育的本质问题。教育的本质是促进学生的发展，知识技能的掌握是发展的一部分，但不是全部。她认为学校不仅仅是学生学习的地方，更是促进学生全面发展的重要场所，因而也同时具备家庭教育和社会教育的功能。寄宿制学校不能让学生的生活里只有学习而没有其他生活体验和娱乐活动。目前学校和教师还没有意识到农村寄宿制学校所具有的多元功能，他们对寄宿制教育本质的理解偏差导致寄宿制学校的作用没有得到充分发挥。❹

---

❶ 张燕. 后撤点并校时代农村寄宿制学校发展研究[J]. 教学与管理，2017（18）：37–40.

❷ http://www.moe.gov.cn/jyb_xwfb/xw_fbh/moe_2069/xwfbh_2018n/xwfb_20180627/sfcl/201806/t20180627_341250.html.

❸ 齐良书，赵俊超. 营养干预与贫困地区寄宿生人力资本发展——基于对照实验项目的研究[J]. 管理世界，2012（2）：52–61，72.

❹ 李慧敏. 农村寄宿生生活现状及改善对策探究[J]. 教学与管理，2017（36）：65–67.

（1）教师教工队伍存在的问题

在专任教师方面，编制控制限制了教工队伍数量。寄宿制学校功能变化了，但编制却经年不变。范先佐、郭清扬（2015）指出，按现行规定，未经省级政府批准，各市、县不得突破中小学机构编制总额，编制就如同一个"紧箍咒"，正在制约着农村寄宿制学校的发展。在这种情况下，即使对生活指导教师的需求再迫切，始终都无法跨越这道坎❶。李慧敏（2017）提出，音、体、美等学科对于丰富寄宿生的学习生活和促进学生全面发展具有重要作用，但学校编制的紧张造成教师兼科，甚至缺少相应科目教师的现象。合理设置教师编制对于提高学校生活质量和促进学生全面发展有重要作用。❷

范先佐（2013）提出，农村中小学教师队伍无论从数量、质量还是结构上都满足不了农村义务教育发展的需要。优秀教师大量流失、现有教师老龄化严重，尤其是受过正规教师教育的教师少，尽管目前一些农村中小学教师学历已基本达标，但大多是通过函授、自学考试、民师转正等途径获得的，其所学专业与所教授的学科往往不一致，所教非所学❸。

针对寄宿制学校教师编制问题，范先佐（2013）结合我国的现实国情，在体制、机制等问题短时间内尚不能得到根本解决的背景下，提出建立教师退出机制，主要针对达到一定年龄且教学效果差的教师，以空出编制；"定向招聘"与"定向培养"，招聘、培育留得住的本土名师；大力提高农村，特别是边远、贫困地区教师经济待遇，稳定农村教师队伍❹。2015年3月，中央编办、教育部、财政部发布了《关于统一城乡中小学教职工编制标准的通知》，通知要求统一编制标准，将县镇、农村中小学教职工编制标准统一到城市标准，即高中教职工与学生比例为1:12.5、初中为1:13.5、小学为1:19❺。考虑实际需求，对农村边远地区适当倾斜，按照教职工与学生比例和教职工与班级比例相结合的方式核定教职工编制。严控总量、盘活存量、优化结构，将教职工编制管理与人

---

❶ 范先佐，郭清扬. 农村留守儿童教育问题的回顾与反思[J]. 中国农业大学学报（社会科学版），2015（1）：55—64.

❷ 李慧敏. 农村寄宿生生活现状及改善对策探究[J]. 教学与管理，2017（36）：65—67.

❸ 范先佐. 义务教育均衡发展与农村教育难点问题的破解[J]. 华中师范大学学报（人文社会科学版），2013（2）：148—157.

❹ 范先佐. 义务教育均衡发展与农村教育难点问题的破解[J]. 华中师范大学学报（人文社会科学版），2013（2）：148—157.

❺ http://www.scopsr.gov.cn/bbyw/qwfb/201503/t20150310_272579.html.

事管理相结合，促进县域内的教师交流轮岗和均衡优化配置。探索将一般性教学辅助和工勤岗位不再纳入编制管理范围，并相应适当降低教职工编制核定标准。继续深化后勤服务社会化改革，鼓励探索采取政府购买服务方式，逐步压缩非教学人员编制。❶

对于寄宿制学校，因学校的特殊性，对生活指导教师、食堂等后勤人员有着现实性的需求。但是当下这类非教学岗教师的情况不容乐观。王景、张学强（2010）发现，目前农村寄宿制学校生活教师基本处于无师自通的非专业层次，无培训上岗的现象很普遍，由于没有建立起相应的培训体系，使得寄宿制学校的学生课余生活管理处于自发、放任状态，学生的心理问题也没有能够及时地得到引导❷。贾伟、陈景红（2017）调查发现，寄宿制学校一般都要聘请食堂及宿舍管理人员，这部分人员大都是农村留守妇女，其文化水平普遍不高，对寄宿生中存在的各种问题无法处理，管理工作较为粗放，寄宿生活枯燥乏味。而临聘人员不在学校编制内，但又参与学校部分学生的管理工作，其政治地位和福利待遇不能与老师们相提并论，这一尴尬的处境直接影响到他们的工作热情和责任心。❸

学者们对非教学岗教师的配备标准提出了建议，郭清扬（2014）根据国内外寄宿制学校的成功经验，认为配备专门的生活指导教师负责学生的食宿无疑是最佳选择。为此他建议，小学1—3年级每30名寄宿生、5—6年级每50名寄宿生配备一名生活指导教师。❹贾伟、陈景红（2017）建议，按照每150人配备2名生活管理人员（150人以下按2名配备，考虑男女宿舍管理工作的实际需求），其经费应由财政按照本地最低工资水平划拨❺。

关于学者们对非教学岗教师的要求，范先佐、郭清扬（2015）认为，生活教师的职责不仅是照顾孩子的饮食起居，还应树立"保教结合"意识，身体力行、言传身教，担负起对孩子的教养责任。学校其他相关后勤人员也应从"服务育人"的宗旨出发，注重自身品德修养，克服不良生活、卫生习惯，给孩子

---

❶ http://www.scopsr.gov.cn/bbyw/qwfb/201503/t20150310_272579.html.
❷ 王景，张学强. 当前我国农村义务教育阶段寄宿制学校发展的问题研究[J]. 教育科学，2010（3）：7–11.
❸ 贾伟，陈景红. 农村留守儿童寄宿制学校管理问题审视[J]. 教学与管理，2017（10）：12–14.
❹ 郭清扬. 义务教育均衡发展与农村寄宿制学校建设[J]. 教育与经济，2014（4）：36–43.
❺ 贾伟，陈景红. 农村留守儿童寄宿制学校管理问题审视[J]. 教学与管理，2017（10）：12–14.

树立一个好的行为榜样❶。王景、张学强（2010）提出，教育主管部门应尽快建立起面向学生课后管理的农村寄宿制学校教师培训体系，有针对性地开展有关学生学习、交往、生理、心理发展等内容的培训，同时，积极鼓励社会力量参与培训工作，如请医护人员为教师讲解一些生活护理、急救、疾病预防等方面的知识；请消防部门为教师介绍消除火灾隐患的知识和技能；请文体部门为教师培训提供文体活动的方案和技巧；等等❷。张燕（2017）提出，寄宿制学校生活指导教师、心理教师及后勤人员要进行严格考核后再录用，生活指导教师不仅要负责学生的衣食住行，还要身体力行，言传身教，为学生做好榜样；心理教师应该不断丰富知识及实践，为寄宿生提供更好的心理疏导；后勤人员要在细微处注意自己的言谈举止，给学生带来积极的引导❸。

（2）教师的工作时长与补贴的问题

寄宿制学校的学生有更长的时间待在学校，除了上课时间，学生课余时间更需要学校的安排，因此又延长了教师的工作时间，加重了教师的工作强度。董世华（2011）研究发现，寄宿制学校每天有大约 4 小时的新增业余时间，这段时间需要由老师和专人管理，由此产生了新增劳动量的工资成本。一般学校并没有配置足额的生活管理教师，这段业余时间的管理责任最终落到了每个教师身上，学校在公用经费运转很紧张的情况下，自然无力全额补偿教师的额外劳动，一般都采取象征性补贴的形式，变相强加给专任教师，教师实际成为这部分新增成本的分担主体❹。郭清扬（2014）也发现，由于编制的限制，农村中小学对于寄宿生一般都没有配备专门的生活教师，寄宿生的管理基本上是由任课教师和班主任负责，导致农村寄宿制学校教师除了教学任务之外，还要承担学生的生活管理、学校的治安工作。有的学校，男教师兼职当保安，负责巡逻护校；寄宿制学校班级规模过大，造成教师工作强度大❺。

针对教师新增劳动量的补贴，贾伟、陈景红（2017）提出，要出台寄宿生管理津贴政策，拨专款专用给承担相关额外工作的教师发放相关津补贴。经过

---

❶ 范先佐，郭清扬. 农村留守儿童教育问题的回顾与反思[J]. 中国农业大学学报（社会科学版），2015（1）：55-64.

❷ 王景，张学强. 当前我国农村义务教育阶段寄宿制学校发展的问题研究[J]. 教育科学，2010（3）：7-11.

❸ 张燕. 后撤点并校时代农村寄宿制学校发展研究[J]. 教学与管理，2017（18）：37-40.

❹ 董世华. 我国农村寄宿制中小学运行成本分担问题研究——基于公共产品理论的视角[J]. 教育发展研究，2011（19）：14-20.

❺ 郭清扬. 义务教育均衡发展与农村寄宿制学校建设[J]. 教育与经济，2014（4）：36-43.

测算,寄宿制学校教师平均每天新增劳动量约 1.65 个小时计算(大约两个课时),每天可补贴 5—15 元。寄宿制学校班主任津贴从绩效中单列,并将津贴纳入财务专项审计项目。❶

（3）寄宿制学校管理成本问题研究

从规模效益看,寄宿制办学的确能够整合教育资源、节约办学成本,但就单个农村寄宿制学校的建设而言,由于学生寄宿在校使得寄宿制学校的成本结构发生了很大变化,学校成本大幅提升。对于寄宿制学校成本增加的项目,董世华（2011）提出,寄宿制学校与非寄宿制学校相比,宿舍、食堂、新增业余时间的管理以及由于人群聚居而产生的安全管理是明显的新增项目❷。雷万鹏等（2013）进一步对寄宿制学校的成本进行了测算,发现在公用经费支出上,寄宿制学校几乎在各项生均教学服务支出上都要高于非寄宿制学校,尤以"生活加工设施"和"一般能耗"差距最显著。总体而言,寄宿制学校生均公用经费总额为 388.4 元,是非寄宿制学校（176.59 元）的 2.2 倍❸。由于寄宿制学校的成本要远远高出非寄宿制学校,投入资金的匮乏必然会导致教育条件的不足。郭清扬（2014）提出,我国现行的教育投资体制对这些新增成本尚没有明确规定。由于缺少相应的制度保障,地方政府有限的经费投入又往往难以及时到位,致使不少农村寄宿制学校经费短缺,办学条件差。❹

虽然财政部、教育部《关于下达 2018 年城乡义务教育补助经费预算的通知》中明确提出,按照"重点倾斜、集中投入"的原则,向寄宿制学校、规模较小学校等学校倾斜❺,但是没有具体的参考标准,不同的倾斜标准导致寄宿制学校的经费补贴难以满足需求,这就导致了源头上拨款经费的不足。

针对财政支持的问题,范先佐（2013）认为,农村寄宿制学校大多分散在我国中西部地区。由于社会经济发展相对落后,中西部地区绝大多数农村县市政府财政困难,难以承担寄宿制学校的财政投入。因此,各级政府应制定农村寄宿制学校建设标准,加大对寄宿制学校建设投入的力度,按比例为农村寄宿

---

❶ 贾伟,陈景红. 农村留守儿童寄宿制学校管理问题审视[J]. 教学与管理,2017（10）:12—14.

❷ 董世华. 我国农村寄宿制中小学运行成本分担问题研究——基于公共产品理论的视角[J]. 教育发展研究,2011（19）:14—20.

❸ 雷万鹏,汪曦雷. 寄宿制学校成本与财政拨款权重实证研究[J]. 中国教育学刊,2013（6）:11—15.

❹ 郭清扬. 义务教育均衡发展与农村寄宿制学校建设[J]. 教育与经济,2014（4）:36—43.

❺ http://jkw.mof.gov.cn/ybxzyzf/cxywjybzjf/201805/t20180514_2894049.html.

制学校建设提供经费支持，在用地及收费等各方面对寄宿制学校实行减免等优惠政策，为寄宿制学校建设创造条件，使确实需要寄宿的农村学生能进入具备基本办学条件的寄宿制学校学习。❶

（4）寄宿家庭新增成本问题的研究

农村中小学布局调整造成学生大量寄宿，虽然节约了学生的通勤成本，但必然会增加住宿费、餐饮费、交通费及其他日常的在校生活费用。寄宿生的消费支出，加重了寄宿生家庭经济负担，并使相当一部分家庭面临经济困难。

学者们对寄宿生因寄宿新增的家庭成本进行了测算，贾勇宏、曾新（2012）研究发现，与走读生相比，寄宿生新增了三项家庭经济支出：住宿费、交通费和生活费，与之前就近入学相比，一个寄宿生家庭每年将新增教育支出近 2500元，而且住宿费只有地区差别和校际差别，不存在太大的家庭开支差别，但交通费和生活费却受交通便利条件的影响差别比较大❷。在寄宿造成的家庭成本的占比方面，唐一鹏、胡咏梅（2014）发现，寄宿家庭交给学校的费用比重偏大约占 29%—31%，对于农村的寄宿家庭来说，孩子饭费的支出也较高，约 776元，占花费的 29.4%。由此可以看出，虽然政府采取了各种减免措施，但在农村地区，小学生向学校缴纳一定费用（如校服费、班费等）仍是不可避免的；目前寄宿生的生活费补助仍不足以满足寄宿生的基本生活开支需求❸。郭清扬（2014）的调查发现，40.7%教育行政人员和 33.9%的教师认为寄宿制存在的问题是家长负担加重，有 20.4%的家长和 52.7%的学生表示寄宿最担心的问题是加重了家庭的负担❹。

对于寄宿成本的提高，郭清扬（2014）做了进一步探究，经过数据分析却发现农村地区普遍存在向学校缴纳费用过多、过高的现象，这可能与农村学校相关管理规定落实不够严格有关。而且对于寄宿生，学校在得不到相应经费支持的情况下，只有通过向寄宿生收取额外的费用来解决❺。同时也有学者关注

---

❶ 范先佐. 义务教育均衡发展与农村教育难点问题的破解[J]. 华中师范大学学报（人文社会科学版），2013（2）：148-157.

❷ 贾勇宏，曾新. 农村中小学布局调整对教育起点公平的负面影响——基于全国 9 省（区）的调查[J]. 华中师范大学学报（人文社会科学版），2012（3）：143-153.

❸ 唐一鹏，胡咏梅. "新机制"实施以来我国农村地区家庭义务教育负担研究[J]. 基础教育，2014（2）：47-63.

❹ 郭清扬. 义务教育均衡发展与农村寄宿制学校建设[J]. 教育与经济，2014（4）：36-43.

❺ 郭清扬. 义务教育均衡发展与农村寄宿制学校建设[J]. 教育与经济，2014（4）：36-43.

到，许多家长选择了在校外租房陪读，增加了家庭成本❶。

针对因学生寄宿而造成的家庭成本提升，学者们转向成本分担问题的研究。董世华（2011）提出，农村学生因为寄宿而形成的生活差距费用是为完成义务教育的必然耗费，如果由学生家庭完全承担，则会造成其与非寄宿制学生之间的不公平。寄宿制学校教育作为政府提供的公共产品，利用公共财政经费补偿学生生活差距费用是让学生公平接受义务教育的基本保证❷。

目前，国家实行了"两免一补"，国家与省级财政主要负责"两免"，"一补"则主要由县财政解决，但部分贫困县财政较为困难，国家级贫困县的财政更为困难，从而导致或者补助不能切实落实，或者补助力度小。那寄宿生补贴的具体效果如何呢？学者们普遍反映效果并不乐观。唐一鹏、胡咏梅（2014）发现，现有的对寄宿生生活补助政策并没有对减轻寄宿生家庭尤其是农村寄宿生家庭的义务教育负担产生显著成效。因而政府理应继续提高对寄宿生的生活补助标准，加大对农村寄宿生的补助力度❸。张燕（2017）提出，虽然近年来实施的"两免一补"政策每年为每个贫困生减免了200多元的支出，但是与原来相比，仍然增加了伙食费与交通费❹。

针对补助政策和方式，学者们从不同方面进行了探讨。唐一鹏、胡咏梅（2014）建议，生均拨款应该将寄宿制学校与非寄宿制学校分开制定，并且提高寄宿比例高的学校的拨款额度。武向荣（2015）提出，针对贫困地区寄宿生，我国可以借鉴澳大利亚、美国等的补贴政策，放宽补助范围，对贫困地区所有寄宿生均予以基本补助，对家庭经济困难学生予以额外补助，对交通费用予以专项补助❺。董世华（2011）提出，对于寄宿生家庭新增的成本，应该由家庭与政府分担。寄宿生的生活补助应该是按一定比例全员享受，至于贫困寄宿生的问题则应该通过社会捐赠等途径解决，或者由国家另设资助项目给予帮助。他

---

❶ 庞晓鹏，龙文进，董晓媛，等. 农村小学生家长租房陪读与家庭经济条件——学校布局调整后农村小学教育不公平的新特征[J]. 中国农村观察，2017（1）：97−112，143.

❷ 董世华. 我国农村寄宿制中小学运行成本分担问题研究——基于公共产品理论的视角[J]. 教育发展研究，2011（19）：14−20.

❸ 唐一鹏，胡咏梅. "新机制"实施以来我国农村地区家庭义务教育负担研究[J]. 基础教育，2014（2）：47−63.

❹ 张燕. 后撤点并校时代农村寄宿制学校发展研究[J]. 教学与管理，2017（18）：37−40.

❺ 武向荣. 农村贫困地区家庭教育支出及负担的实证研究——基于宁夏两个国家级贫困县的调查[J]. 教育理论与实践，2015（16）：21−25.

建议生活补偿费用以专项资金的形式补偿到学生食堂，学校以餐票的形式发放给学生，寄宿生只有进食堂吃饭才能享受这项补贴。❶

（5）学校管理引致的寄宿生境遇不佳问题

Schmid H 等人（2001）的研究指出，学校的制度化管理水平是影响寄宿制学校管理效能的重要因素。寄宿制学校制度化管理水平越高，学校教职工的工作自主性越强，参与决策的程度越高，学生对学校的满意度越高❷。但是目前，农村寄宿制学校的管理水平并不能让人满意，只强于规训管理，没有真正尊重儿童的成长规律。

在寄宿生的课余生活管理方面，汪淳玉、潘璐（2012）通过江苏省的个案研究发现，某些寄宿制学校为了保持安静，对寄宿生实行"无声化"管理，即从晚自习下课到第二天起床整个过程中都不允许学生讲话❸。李慧敏（2017）提出，应通过严格、紧凑、高度一致的作息时间表将学生的时间进行精细划分，时间单位被规划得越精细，学生行为的可控性和连续性就越强，单调乏味的寄宿生活使寄宿制学校更像一个"牢笼"❹。

在学生的教育培养方面，汪淳玉、潘璐（2012）访谈发现，部分教师反映出"管好学生，不要出事"是学校的总目标，儿童的健康成长被单一化为两个可操作化目标，即"成绩好"和"不出事"❺。

在学校的安全管理方面。据统计，目前全国的中小学幼儿园有 86% 以上配备了保安员，70% 以上安全防范体系建设达到了国家建设标准。在基础教育阶段，2018 年非正常死亡学生人数进一步下降，事故灾难类死亡人数同比下降11.5%❻。范先佐、郭清扬（2015）发现，学校为了方便管理和保障学生的安全，

❶ 董世华. 我国农村寄宿制中小学运行成本分担问题研究——基于公共产品理论的视角[J]. 教育发展研究，2011（19）：14-20.

❷ Schmid H, Barnir D. The Relationship Between Organizational Properties and Service Effectiveness in Residential Boarding Schools[J]. Children & Youth Services Review，2001，23（3）：243-271.

❸ 汪淳玉，潘璐. "文字上移"之后——基于三地农村小学寄宿生学习生活现状的研究[J]. 中国农业大学学报（社会科学版），2012（4）：44-52.

❹ 李慧敏. 农村寄宿生生活现状及改善对策探究[J]. 教学与管理，2017（36）：65-67.

❺ 汪淳玉，潘璐. "文字上移"之后——基于三地农村小学寄宿生学习生活现状的研究[J]. 中国农业大学学报（社会科学版），2012（4）：44-52.

❻ 万玉凤. 为学生健康成长保驾护航[EB/OL].（2019-05-29）[2019-12-13]. http://www.moe.gov.cn/jyb_xwfb/xw_zt/moe_357/jyzt_2019n/2019_zt2/zt1902_mtbd/201903/t20190314_373413.html.

实行全封闭式管理，到了周末才可以出校。中小学生正处于开阔视野和培养兴趣的时期，这种封闭和枯燥的生活学习环境影响着他们身心的发展，对其成长是极为不利的[1]。李慧敏（2017）认为，对安全的重视和强调催生了学校极端行为，为了保障"不出事"，体育课取消了比较激烈的运动项目，同时尽量减少学生自由活动时间，增加学生的学习时间，这种极端管理制度压抑着学生天性的发展[2]。但另一方面，汪淳玉、潘璐（2012）发现，寄宿制学校却疏于对学生安全知识和技能的教育，以消防安全为例，所调查的 4 所学校虽然都在学生宿舍安装了灭火器，却都没有教学生如何使用，当发生火灾、自然灾害等险情时如果没有提前预防和及时处理，后果将难以想象[3]。

对于如何进行学校管理制度的建设，学者们进行了探讨。Van Der Westhuizen（2007）研究发现，寄宿制学校的组织文化（包括学校传统、仪式典礼、学校标识、校风校训、师生价值观念、行为规范）与学生的纪律表现有密切关系[4]。这说明，寄宿制学校加强管理和制度化建设，对于提高学校的办学质量和家长、学生的满意度有重要的帮助作用。范先佐（2013）对寄宿制学校的制度化建设做了系统的阐释，他提出学校要依据法律法规制定各种规章制度，作为学校日常管理的重要依据。在学生日常管理上，一是要安排教师全天值班。寄宿生全天都在学校里生活，课余时间多，学生一起玩耍容易发生安全事故，必须安排教师值班。二是要建立陪护制度。生活指导教师应与寄宿生同睡，并负责处理突发事件，与家长电话联系等，保证学生夜间住宿安全。尤其应对寄宿的女生加强监护管理，防止和杜绝她们遭受人身侵害。三是要强化卫生管理。学校要严格管理卫生，防止流行性疾病发生，要配好学校医务人员。四是要加强收费管理。上寄宿制学校对于许多贫困家庭来说，无疑增加了上学成本和经济负担，因此，学校绝不能通过不合理收取寄宿费、伙食费等，去弥补学校经费的困难，更不允许将学生的寄宿费挪作他用，从而降低寄宿生的生活标准。五是要定期

21

---

[1] 范先佐，郭清扬. 农村留守儿童教育问题的回顾与反思[J]. 中国农业大学学报（社会科学版），2015（1）：55–64.

[2] 李慧敏. 农村寄宿生生活现状及改善对策探究[J]. 教学与管理，2017（36）：65–67.

[3] 汪淳玉，潘璐."文字上移"之后——基于三地农村小学寄宿生学习生活现状的研究[J]. 中国农业大学学报（社会科学版），2012（4）：44–52.

[4] Van d W P C，Oosthuizen I，Wolhuter C C. The Relationship Between an Effective Organizational Culture and Student Discipline in a Boarding School[J]. Education and Urban Society，2007，40（2）：205–224.

排查安全隐患。对校内外环境定时检查，及时排除隐患，同时还要对学生进行安全知识教育，提高他们的安全意识。❶

（6）寄宿制给家校合作带来机遇与挑战

一方面，贺武华（2015）认为，寄宿制学校为家校合作、家校共育提供了更开放宽广的舞台。在过去单一教学点情况下，家校合作、家校共育是很难开展起来的，一定规模、一定范围的寄宿，为重建家校关系带来了"规模效应"，也实现了区域教育资源的优化与重组❷。

另一方面，杨兆山、高鹏（2012）提出，尽管寄宿制学校是"家校合一"的学校，但只是部分承担了家庭教育的职责，许多农村家长在把孩子送到寄宿制学校后，总会产生将孩子"托付"给学校的心理，认为学生的教育责任从入学起便完全转移给了学校，他们则无须再参与其中❸。另外，由于寄宿制学校一般距离学生家庭所在地较远，受限于通信和交通条件，给家校合作带来了现实的阻隔。

在家校合作探索方面，杨兆山（2011）提出，人的发展受到学校、家庭和社会多方面的影响。农村寄宿制学校不是教育的孤岛，它也应该通过网络、短信以及开家长会和家访等途径加强与家庭的联系，也可创造性地定期不定期地开展家长和学生一起参加的教育活动或者娱乐活动等，以获得家长对学校的支持，家长对寄宿制学校的态度对于学生的学习和生活具有一定的影响，儿童在学校的学习和生活离不开家长的鼓励和关爱❹。刘利民（2017）提出，要明确家庭教育的领域，其优势领域在于促进儿童的道德发育；为学校教育提供基础，主要在于为学生书本知识学习提供经验支撑；向学校教育让渡时间和空间，表现在翻转课堂正在消解学校教育与家庭教育的边界。实现家校合作，建构"学校—家庭教育共同体"，需要努力建构家校的"同心""同向""同行"和"同力"关系❺。李勉（2017）通过研究澳大利亚关于寄宿学校的标准后，为我国寄宿

---

❶ 范先佐. 义务教育均衡发展与农村教育难点问题的破解[J]. 华中师范大学学报（人文社会科学版），2013（2）：148-157.

❷ 贺武华. 农村寄宿制学校办学发展的价值重构与功能再造[J]. 浙江社会科学，2015（3）：96-102，159.

❸ 杨兆山，高鹏. 农村寄宿制学校低龄学生的适应问题与对策——基于中西部三省区的调查[J]. 现代教育管理，2012（7）：37-41.

❹ 杨北山，王守纪，张海波. 农村寄宿制学校学生的适应问题[J]. 东北师范大学学报（哲学社会科学版），2011（3）：172-176.

❺ 刘利民. 学校教育与家庭教育的边界[J]. 中国教育学刊，2017，000（007）：43-47.

制学校家校合作提供了思路，澳大利亚寄宿学校专设了有关家长和社区参与的部分，具体内容包括：培训学校教职工关于吸纳家长参与的策略，就寄宿制学校所提供的服务、措施、工作流程等提供清晰的信息，拟定和其他兄弟学校的联谊活动日程等❶。

4. 农村寄宿生生活方面的问题研究

（1）生活设施问题的研究

宿舍是寄宿制学校与非寄宿制学校的最明显区别，是保证学生寄宿的核心要素。对于宿舍重要性的认识，董世华（2011）提出，寄宿制学校的宿舍不仅是学生睡觉的地方，也是学生学习之余的"歇脚"之地，承担着家庭的部分功能，因此，承担学生宿舍管理的生活指导教师对学生生活的悉心指导，对于低龄寄宿学生尤为重要❷。但现实情况却是寄宿制学校基本的生活设施都难以配套。范先佐、郭清扬（2015）对湖北、河南、安徽等9个县市4304名学生的问卷调查显示，一人一铺的学生约占43.0%，有20.0%的学生是睡通铺，另有35.0%的学生是两人一铺或三人一铺❸。

关于学校医务室方面，各省对农村小学寄宿制的建设要求配备医疗室。汪淳玉、潘璐（2012）发现，因为学校普遍无力单独维持一个医务室的运转，校内没有专门的医务室和医护人员。他们调查发现，寄宿生在校期间遇到生病、身体不适等突发事情时首先会向老师寻求帮助，让老师帮忙买药、带去看病或是通知家长。寄宿生的生病治疗和身体健康需要得到更周全的保障❹。

范先佐（2013）提出，要办好食堂，注意营养搭配，保证学生的饮食营养，促进他们的健康成长；同时，要配备相应数量的浴室、洗衣池，保证学生有水喝，有热水洗澡；还要办好校园第三产业，蔬菜种植、饲养家禽等，改善学生伙食提供条件，降低学生生活费用，提高学生生活水平，使学生进得来、留得

---

❶ Richard Stokes.Developing a boarding standard for Australia[J]. Boarding School（The Magazine of the Boarding Schools' Association），2015（42）：22−23.

❷ 董世华. 我国农村寄宿制中小学运行成本分担问题研究——基于公共产品理论的视角[J]. 教育发展研究，2011（19）：14−20.

❸ 范先佐，郭清扬. 农村留守儿童教育问题的回顾与反思[J]. 中国农业大学学报（社会科学版），2015（1）55−64.

❹ 汪淳玉，潘璐."文字上移"之后——基于三地农村小学寄宿生学习生活现状的研究[J]. 中国农业大学学报（社会科学版），2012（4）：44−52.

住、学得好，让学生安心，让家长和社会放心。❶

（2）生活安全问题的研究

长期以来，校园欺凌现象屡有发生，且日益严重，校园安全问题近年尤其受到社会各界的关注。校园欺凌现象严重影响到学校正常的办学秩序和学生个体的身心健康，吴要武等（2017）研究了寄宿对小学生遭遇欺凌的影响，发现寄宿增加了小学生遭遇欺凌的风险，低龄寄宿生更可能遭遇欺凌，尤其在遭受关系欺凌和身体欺凌方面，风险最高，中西部农村寄宿学校校园欺凌问题较城市和东部地区要严重❷。汪淳玉、潘璐（2012）聚焦到学生宿舍的欺凌问题，发现受各种因素影响，寄宿制学校普遍实行的是不同年级混住，但多数低年级寄宿生并不喜欢和高年级学生住在一起，低年级寄宿生从这种住宿安排中得到更多的是高年级学生的勒索与欺侮而不是帮助❸。关于校园欺凌事件频发的原因，中国教育在线调查对家长进行了抽样调查并发布了《2017 年基础教育发展调查报告》，调查结果显示，33%的家长认为家庭教育缺失是造成校园欺凌的主要原因，22%的家长认为是受到社会不良风气的影响，另外，监管的缺失、法律法规不健全、学校教育缺失等原因虽然占比不高，但也不能小觑❹。

财物安全方面，学生在宿舍丢失东西的现象非常普遍。汪淳玉等（2012）在湖南和北京的两所学校里调查发现，丢失过钱物的寄宿生比例分别高达62.7%和 56.8%。学生丢的东西一般是钱、食物和衣服，方便面也成了学生最常丢的东西。而且，个人财物的无故丢失会让寄宿生感受到自己生活在一个不安全的环境中，影响其身心健康。

（3）生活自理问题的研究

寄宿生活促使学生不得不独自处理在校生活面临的问题，尤其对于低龄寄宿生的生活自理能力提出了更高的要求。贾勇宏、曾新（2012）研究发现，虽然部分寄宿生通过锻炼，战胜生活挫折的能力得到了增强。然而，也有相当一部分低龄学生至少会在刚刚寄宿的短期内面临巨大的生活自理困难，这种压力

---

❶ 范先佐. 义务教育均衡发展与农村教育难点问题的破解[J]. 华中师范大学学报（人文社会科学版），2013（2）：148−157.

❷ 吴要武，侯海波. 校园欺凌的影响与对策——来自农村寄宿制小学的证据[J]. 劳动经济研究，2017（6）：36−55.

❸ 汪淳玉，潘璐. "文字上移"之后——基于三地农村小学寄宿生学习生活现状的研究[J]. 中国农业大学学报（社会科学版），2012（4）：44−52.

❹ https://www.eol.cn/html/jijiao/report/2017/content.html#432.

和学习压力结合在一起,很容易成为压垮低龄学生承受能力的"最后一根稻草",从而对学生的身心健康和发展产生负面影响[1]。

（4）饮食健康问题的研究

日常饮食的营养健康对处于发育期的学生来说十分重要,所以寄宿制学校的餐饮营养问题尤其受到学者们的关注。董世华（2011）认为,食堂是寄宿制学校得以正常运行的又一要素。对于正在成长中的青少年来说,食堂不仅要解决学生吃饭的问题,而且应该具有前瞻性,把学生的营养状况考虑进来[2]。

学者们对校园餐的重要性进行了广泛的探讨。Greenhalgh T 等（2008）研究发现,校园餐可以通过多种途径促进学龄儿童的人力资本发展[3]。从寄宿学生个人角度看,科学的校园餐可以直接改善学生的营养状况,提高学生的身体素质;能消除学生的饥饿感,并使学生感到自己受到学校的关爱,进而为学生的身体状况和学习成绩带来正面影响;从社会的角度看,校园餐对学生的营养干预不仅是一种社会安全网[4],而且免费的校园餐减轻了贫困家庭负担,作为变相的转移支付是反贫困的重要手段之一,是对年轻一代的人力资本投资[5]。

赵静等（2010）研究发现,对于寄宿制学校学生而言,近年来,虽然我国学生膳食和营养状况得到了持续改善,然而我国地域辽阔,自然条件和社会经济发展不平衡,学生营养不良和微量营养素缺乏现象仍然存在,尤其是某些农村地区营养不良率及生长迟缓率远高于城市[6]。史耀疆等（2013）通过在陕西省 8 个贫困县 54 个样本小学对四年级学生开展随机干预试验,发现我国贫困农村地区学生存在严重的微量营养素缺乏问题,贫血率高达 38.8%,寄宿学生贫

[1] 贾勇宏,曾新. 农村中小学布局调整对教育起点公平的负面影响——基于全国 9 省（区）的调查[J]. 华中师范大学学报（人文社会科学版）,2012（3）:143–153.

[2] 董世华. 我国农村寄宿制中小学运行成本分担问题研究——基于公共产品理论的视角[J]. 教育发展研究,2011（19）:14–20.

[3] Greenhalgh T, Kristjansson E, Robinson V. Realist Review to Understand the Efficacy of School Feeding Programmes[J]. Child Care Health & Development,2008,34（2）:858.

[4] Bundy D, Burbano C, Grosh M, et al. Rethinking School Feeding: Social Safety Nets, Child Development, and the Education Sector.[J]. General Information,2009（100）:1–163.

[5] Bank W. World Development Report 2000/2001: Attacking Poverty[J]. World Bank Publications,2001,39（6）:1145–1161.

[6] 赵静,柴海鹰,徐海泉,等. 我国农村寄宿制学校食堂供餐和饮水状况[J]. 中国学校卫生,2010,31（9）.

血情况比非寄宿学生严重❶。李慧敏（2017）研究发现，单一的饮食、对营养搭配的忽视，使农村寄宿生通常处于可以吃饱但不能吃好的状态，不利于他们的健康成长和良好饮食习惯的形成❷。

2019 年发布的《学校食品安全与营养健康管理规定》对学校食堂提出了要求：学校食堂应当依法取得食品经营许可证，建立食品安全与营养健康状况自查制度、从业人员健康管理和培训等制度，并建立食品安全追溯体系等；学校集中用餐应当坚持公益便利的原则，围绕采购、储存、加工、配送、供餐等关键环节，健全学校食品安全风险防控体系；有条件的学校食堂应当做到明厨亮灶，运用互联网等信息化手段，加强对食品来源、采购、加工制作全过程的监督；中小学、幼儿园食堂不得制售冷荤类食品、生食类食品、裱花蛋糕，不得加工制作四季豆、鲜黄花菜、野生蘑菇、发芽土豆等高风险食品；学校自主经营的食堂应当坚持公益性原则，不以营利为目的，实施营养改善计划的农村义务教育学校食堂不得对外承包或者委托经营❸。齐良书等（2012）提出，营养干预不能仅通过发放生活补助费来进行，必须在贫困地区寄宿学校广泛开展校园餐项目，应把为贫困地区中小学寄宿生提供校园餐纳入国家义务教育发展规划范畴，制定明确的推动贫困地区寄宿制学校校园餐项目发展的时间表，注重培育地方政府部门和农村寄宿制学校提供校园餐的能力，并在适当条件下以校园餐项目带动贫困地区农副业发展，促进农户增收❹。

（5）生活感受方面的研究

寄宿生生活压抑、枯燥是学者们经常报道的。汪淳玉、潘璐（2012）调查发现，寄宿制学校为降低风险把寄宿生放假的时间延长为两周一次。寄宿生普遍感觉寄宿制学校里生活压抑，有的学生甚至会逃跑。据一位学校负责人介绍，有的学校学生翻墙逃跑之后，老师像抓贼一样开车到处去找，寄宿制学校有时候给学生的感觉就是"集中营"，另外，学校现有的娱乐活动设施不够完善，学生无法在校内满足课外生活的需求。大多数接受调查的寄宿生向往走读生那样

---

❶ 史耀疆，王欢，罗仁福，等. 营养干预对陕西贫困农村学生身心健康的影响研究[J]. 中国软科学，2013（10）.

❷ 李慧敏. 农村寄宿生生活现状及改善对策探究[J]. 教学与管理，2017（36）：65–67.

❸ http://www.moe.gov.cn/jyb_xwfb/gzdt_gzdt/s5987/201903/t20190321_374580.html.

❹ 齐良书，赵俊超. 营养干预与贫困地区寄宿生人力资本发展——基于对照实验项目的研究[J]. 管理世界，2012（2）：52–61，72.

自由而丰富的生活。❶

学校归属感是学生对"自己属于学校一员"身份的认同及对自身与学校生态系统相互作用结果的情感体验和态度知觉❷。王利（2017）研究发现，寄宿生集体荣誉感强，但校园归属感弱，68.4%的寄宿生"明白自己在学校的权利和责任"，77.3%的寄宿生"愿意服从班级各项规定"，但有52.3%的寄宿生认为自己在班级不受重视，这些都表明学生的集体荣誉感较强，但校园归属感较弱。进一步分析发现，相比走读生，寄宿生的集体荣誉感和校园归属感均低于走读生，寄宿生比走读生在校时间更长，但其校园归属感却低于走读生，这方面值得关注。❸

对于学生课余活动的重要意义方面，李慧敏（2017）认为，不让学生活动是不符合"人性"的，是对孩子天性的压抑，最终会以心理问题的方式爆发出来。活动是必需的，而遵守玩的规则是避免危险的重要方法，所以教师在日常活动中要培养学生规则意识，及时纠正学生的不良行为❹。

范先佐（2013）对丰富寄宿生的生活提出了具体的措施，他认为学校应从寄宿的特点出发，开展丰富多彩的活动来满足寄宿生的需要。一是晚自习除了安排学生完成当天的作业外，可组织学生看电视、读书看报、下棋，进行各种体育比赛等。二是可以根据学生的爱好特长，由专门的教师对学生进行特长培养，如组织艺术团、科普活动小组、各种兴趣小组等。三是开展主题班会、联谊会、道德法制讲座等活动，让寄宿生充分感受到来自学校大家庭的温暖❺。

5. 农村寄宿生学习方面的问题研究

张燕（2017）认为，在寄宿生层面上，寄宿制带来的一个直接后果是辍学率激升。由于距离远以及生活费等的增加，中小学生辍学率急剧上升❻。汪冬梅（2013）研究发现，从2008年到2011年，中国小学辍学率已从5.99‰上升

---

❶ 汪淳玉，潘璐."文字上移"之后——基于三地农村小学寄宿生学习生活现状的研究[J]. 中国农业大学学报（社会科学版），2012（4）：44-52.

❷ 吴文春. 地方高校大学生学校归属感及影响因素[N]. 中国社会科学报，2018-03-05（006）.

❸ 王利. 内蒙古农村寄宿制学生社会性情感发展分析[J]. 内蒙古师范大学学报（自然科学汉文版），2017（1）：51-55.

❹ 李慧敏. 农村寄宿生生活现状及改善对策探究[J]. 教学与管理，2017（36）：65-67.

❺ 范先佐. 义务教育均衡发展与农村教育难点问题的破解[J]. 华中师范大学学报（人文社会科学版），2013（2）：148-157.

❻ 张燕. 后撤点并校时代农村寄宿制学校发展研究[J]. 教学与管理，2017（18）：37-40.

到了 8.8‰，退回到了 1997 年的水平，辍学的主体已从小学五、六年级变成了一、二年级❶。史耀波等（2016）提出，寄宿学校里成绩低的学生是防止辍学的重点，需要提升生活老师专业沟通技能等"软件"要素并控制班级规模，提高生均教师关注度，建立寄宿生辍学倾向的动态监测和干预制度。❷

相对于走读生，寄宿能够提供集体化的学习与生活环境，增加并规范学生的学习时间。姚松等（2018）提出，寄宿对农村初中生学业发展产生了积极效应，研究发现，无论是在校学习总时间还是作业投入时间，农村寄宿生均显著高于走读生。寄宿生拥有更多的在校学习时间，能够更加充分使用学校各类资源，而认知能力（学业成绩）的高低水平受学习时间影响较大，充足学习时间是取得好成绩的重要保证❸。

寄宿对学生发展的作用机制方面，姚松等（2018）提出，寄宿制学校的集体榜样示范、师生互动及同伴互助的便利条件更有助于提高寄宿生的学习效率。研究发现，师生互动、同伴互助对于学生学业发展发挥着重要中介效应。因此，寄宿制学校可以增加学生之间及与教师间的接触机会和熟悉程度，更有助于他们找到身边的学习榜样，获得更多来自教师和同学的情感沟通，充分发挥"同伴效应"积极影响。

6. 农村寄宿生心理方面的问题研究

在社会升学考试导向等各种压力以及寄宿学校各种因素的影响下，寄宿生的各种心理困惑和问题逐渐显现并有扩大趋势，所以在素质教育的要求下，学生心理健康教育在学校教育中变得越来越重要。

（1）有关寄宿生心理状况的描述

刘先丽（2007）认为，长期生活在封闭的、与父母分离的寄宿环境中，寄宿生所表现出来的不仅是爱的感受缺失，还有性意识的偏差和早熟、角色习得的缺乏、行为习惯的偏差、卫生健康缺乏保障以及人格偏差❹。Niknami（2011）在伊拉克的一项对 980 名寄宿生和走读生的对比研究也表明，寄宿生的心理发

---

❶ 汪冬梅. 十年农村地区中小学撤点并校：审视与反思[J]. 江苏教育学院学报（社会科学），2013，29（03）：13–18.

❷ 史耀波，赵欣欣. 父母外出务工与寄宿制：哪个对农村学生辍学影响更大？——基于西部三省 1881 名初中生的实证分析[J]. 教育与经济，2016（5）：78–83，90.

❸ 姚松，高莉亚. 大规模兴建寄宿学校能更好促进农村学生发展吗？[J]. 教育与经济，2018（4）.

❹ 刘先丽. 低龄寄宿对农村小学生社会化的影响[D]. 长春：吉林大学，2007.

展状况差于走读生，其更容易有强迫性精神失调症状，表现出人际关系的过度敏感，并出现抑郁、焦虑、偏执等负面情绪❶。范先佐、郭清扬（2015）研究还发现，无论在亲子沟通频率和沟通质量方面，寄宿生均显著低于走读生。在长期亲子疏离条件下，寄宿生容易产生孤独感和无力感，逐渐变得封闭和自卑，对自身能力做出消极判断，不利于良好性格养成❷。王树涛、毛亚庆（2015）研究发现，低龄寄宿生活对留守儿童情感与社会化的负面影响显著，寄宿对留守儿童社会情感能力的影响中男童要高于女童，小学生要高于初中生。二者说明一个相似的问题，即寄宿对低龄儿童、身心发育晚的儿童的负面影响更大，低水平的寄宿设施、管理与生活的负面作用也更显著。

（2）家庭教育缺失引致的心理问题

亲子关系作为一种教育因素直接影响着教育的质量和孩子的发展水平。范先佐、郭清扬（2015）提出，寄宿使父母与子女分离并导致家庭教育的缺失，特别是小学和初中这个年龄段的子女更需要父母的关爱、指导和家庭早期教育的支持，如果这个时期，父母一方甚至双方"缺席"，就会使孩子与父母缺乏正常的情感交流和亲子互动，孩子没有机会向父母表达自己的感受，父母也没有机会传达自己对子女的爱。长此以往，父母与子女将会产生心理上的隔阂，使儿童丧失基本的心理归属和心理依恋。王树涛、毛亚庆（2015）提出，拥有依恋感的儿童会相信他人是值得依赖的，自己值得关怀，而缺乏依恋感的儿童往往存在被抛弃的焦虑感。留守儿童对父母的依恋被人为断裂，其必然会转向其他亲近的对象，如祖父母、亲戚、老师等，并且这种联结需要在日常受到精心的照顾中完成再造，而寄宿学校生活老师的缺乏和无暇顾及使得这种联结再造无法完成。

由于寄宿生过早与家人隔离，缺少亲人的照顾和指导，同时寄宿制学校缺少相应的补偿教育系统，因家庭教育缺失而引致的寄宿生普遍存在的心理问题，致使寄宿对学生心理发展的影响饱受质疑，部分学者也开始反思寄宿制教育的合理性。王树涛、毛亚庆（2015）提出，在当前西部农村学校寄宿设施、管理水平不佳的情况下，寄宿对留守儿童的家庭替代功能值得怀疑，留守儿童即使

29

❶ Niknami S., Zamani-Alavijeh F., Shafiee A., Seifi, M.Comparison of Psychological Status of Full Boarding and Day Students in Boarding Schools[R]. Poster Presentations of Asian Journal of Psychiatry, 2001, 4S1, S41－S90.

❷ 范先佐，郭清扬. 农村留守儿童教育问题的回顾与反思[J]. 中国农业大学学报（社会科学版），2015（1）：55－64.

在缺乏父母关爱的情况下，从祖辈、亲戚的照顾中所获得的情感支持也比从不佳的学校寄宿监护中获得的要更多❶。

（3）寄宿生活引致的终身心理影响的研究

Duffell（2000）通过病例对照研究发现，成年人如果少年时代有寄宿经历，相较于其他人更容易表现出焦虑、抑郁等消极情绪，甚至更容易抗拒与人建立亲密关系❷。Schaverien（2011）的研究也表明，因为在校寄宿的年龄较小，导致儿童没有家人的陪伴，缺失了原始依恋对象，寄宿后如果没能及时建立或信任新的依恋对象，则很可能造成寄宿生的自我退缩和自我封闭，甚至成为伴随终身的心理创伤❸。李勉等（2017）总结了国外中小学寄宿制学校的经验，也提出寄宿经历给相当部分学生带来了持续的心理创伤（甚至导致一部分人至今都有情绪障碍、社交困难、精神压力等），甚至学生从寄宿制学校毕业后重归"故土"可能遭遇困难，如生活方式与"故土居民"格格不入，个人的身份认同出现混乱，亲子交流出现障碍，丧失了本土语言等❹。英国的"关注寄宿学校"（http://www.boardingconcern.org.uk/）网站中，展示了拥有寄宿背景的群体在成人时期可能发生的情绪及行为问题，人际关系和养育子女方面的问题、工作狂、药物滥用、孤独、易怒、失败感、身体、睡眠和性方面的问题、恃强凌弱、与所爱的人缺乏情感交流。

（4）寄宿生心理问题的补偿措施研究

Itskowitz R 等（1990）提出，加强与家人的联系能减少寄宿生因与家人分离而出现的焦虑情绪，促进其更好地适应学校❺。Helsen M 等（2000）提出，良好的外在支持可以缓解儿童的抑郁、焦虑等不良情绪反应❻，王树涛、毛亚

---

❶ 王树涛，毛亚庆. 寄宿对留守儿童社会情感能力发展的影响：基于西部 11 省区的实证研究[J]. 教育学报，2015（5）：111−120.

❷ Duffell N. The Making of Them: the British Attitude to Children and the Boarding School System[M]. London: Lone Arrow Press，2000.

❸ Schaverien J.: Boarding school syndrome: Broken Attache-ments a Hidden Trauma[J]. British Journal of Psychotherapy，2011，27（2）：138−155.

❹ 李勉，张平平，王耘. 国外中小学寄宿制学校的办学管理经验及其影响[J]. 河北师范大学学报（教育科学版），2017（5）：123−128.

❺ Itskowitz R，Orbach I，Yablon Y. The Effect of Group Therapy and Correspondence with Family on Students' Adjustment to Boarding School[J]. School Psychology International，1990，11（4）：243−252.

❻ Helsen M，Vollebergh W，Meeus W. Social Support from Parents and Friends and Emotional Problems in Adolescence[J]. Journal of Youth & Adolescence，2000，29（3）：319−335.

庆（2015）研究发现，"吃零食"对寄宿留守儿童社会情感能力的发展具有显著的正向影响，能够使儿童感受到受支持感及进一步延伸出的优越感，进而提出对寄宿在校留守儿童的"隐性支持"有利于其社会情感能力的发展，并减少如打架、逃学等一些外向性问题行为的出现❶。杜晓晴等（2018）提出，由于多方面的限制，政府有关部门很难灵活多变地满足不同农村学校的需要，及时提供留守儿童急需的帮助。而在这方面，社会组织恰恰有更突出的优势。因此，社会组织应当积极寻求与政府有关部门建立更为深入的合作关系，在通过政府有关部门与更多需要帮助的学校建立联系的同时，依托政府有关部门的行政管理优势，谋求更加深入的资源整合，促进社会组织的公益项目在农村学校更好地开展。❷

王树涛、毛亚庆（2015）提出，个体通过同伴交往和群体认同而达到最终的自我同一性，当他们能够觉知到同伴的信任，知道在挫折的时候他们的帮助是可获得的，无论他们实际上有没有运用这些资源，都倾向于有较高的自尊，觉得自己是值得被爱的，是有价值的，认为别人也是值得信赖和有回应的，这使得他们能够在逆境中很好地适应，较容易建立支持性的人际关系，进而缓解生活中压力源的影响。

7. 农村寄宿制学校建设研究

郭清扬（2014）提出，我国很多农村寄宿制学校恰恰是在经济条件尚不具备的情况下匆忙上马的，其结果必然是办学条件差、隐患重重。因此，在经济条件不具备的情况下，寄宿制学校的盲目扩张是造成办学条件简陋的根本原因❸。

杨兆山等（2011）提出，农村儿童尤其是低龄儿童，能否较好地适应寄宿生活，能否在社会、学校和家庭的帮助下身心获得健全发展，是农村寄宿制学校生存与发展的关键所在。因此，开办农村寄宿制学校的首要任务之一，就是把学生的学校适应性作为学校办学和管理的主要内容和目标，全方位、多渠道

31

---

❶ 王树涛，毛亚庆. 寄宿对留守儿童社会情感能力发展的影响：基于西部 11 省区的实证研究[J]. 教育学报，2015（5）：111-120.

❷ 杜晓晴，周小舟，邓雨薇. 社会组织参与农村留守儿童的教育管理——以北京歌路营教育咨询中心为例[J]. 中国青年社会科学，2018（2）：111-116.

❸ 郭清扬. 义务教育均衡发展与农村寄宿制学校建设[J]. 教育与经济，2014（4）：36-43.

采取有效策略，切实提高学生的适应能力，促进学生的全面发展❶。

宋平（2017）提出，目前关于教育的思考过多地停留在师资投入、政策投入、资金投入等经济维度，对教育的价值与品质关注得太少，尤其是农村教育，我们把农村教育看作需要扶持的对象，而缺乏对农村教育如何发展的冷静思考。他认为，在急速转型的社会之中，教育怎么能够在知识教育背后真的去影响一代人的风尚或者品行，做到知识和品行并重，这是所有教育工作者应该苦心思索的一点。❷

姚松、高莉亚（2018）提出，积极发挥大数据的独特优势，提高农村寄宿制学校精准化服务弱势群体的能力。借助大数据技术和互联网平台，构建农村寄宿制学校学生教育大数据预警平台，定期将寄宿生个体特征、家庭情况、学习行为记录、学业规划、学业成就等信息进行分类、收集、整理和存储。借助大数据关联性分析和深度挖掘技术，精准分析其辍学动向、学业不良或身心健康等警示性信息。通过供给端的精准发力，提高农村寄宿学校的吸引力，使农村弱势群体能够在公平且有质量的教育之中收获自由、尊严和幸福。

四、理论依据

1. 教育公平

教育公平是社会公平的基础和前提条件，我国在促进社会公平的过程中高度重视教育公平问题，并将其提升到了战略高度。美国的科尔曼（Coleman James S）认为，教育公平主要包括四层含义：第一，向人们提供达到某一规定水平的免费教育；第二，对所有儿童，不论其社会背景如何，均提供普通课程；第三，为不同社会背景的儿童提供进入同样学校的机会；第四，在同一特定地区范围内教育机会一律平等❸。关于教育公平问题，在《马克思主义经典》中有过这样的论述，教育的平等主要表现在两个方面：一是从公民自身的权利来说，是每个公民都能拥有的一项基本平等权利，这是教育公平的起点；二是从

---

❶ 杨兆山，王守纪，张海波. 农村寄宿制学校学生的适应问题[J]. 东北师大学报：哲学社会科学版，2011（3）：167-171.

❷ 宋平. 城镇化进程中农村教育面临的问题及其对策[J]. 教学与管理，2017（6）：34-36.

❸ 郭国强. 教育公平视野中的基础教育发展失衡问题之研究[D]. 上海：上海师范大学，2009.

人的长远发展来说，每个人的能力、智力都能得到自由全面的发展，这是教育公平的结果。马克思主义教育公平观是在社会主义社会的制度前提下，人人都有平等机会接受教育的宣言，是指导我国教育公平与顺利进行的指导思想，给我们今天发展社会主义教育事业指明了方向❶。2010 年《国家中长期教育改革和发展规划纲要（2010—2020 年）》首次提出，把促进教育公平作为国家的基本教育政策，强调教育公平是社会公平的重要基础，教育公平的关键是教育机会公平，基本要求是保障公民依法享有受教育的权利，重点促进义务教育均衡发展和扶持困难群体，根本措施是合理配置教育资源，重点向农村地区、边远贫困地区和民族地区倾斜，加快缩小教育差距。一般来讲，教育公平可分为三个阶段。起点上的公平即入学机会的公平，是指每个人不受性别、种族、出身、经济地位、居住环境等条件的影响，均有开始其学习生涯的机会。过程中的公平主要体现在客观因素和主观因素两个方面：客观因素是指教育资源的配置，包括师资的配备、物质条件的配备和教育内容的提供；主观因素是指不同家庭背景出身和不同天资条件的学生，在学校期间都应受到教师的同等对待，享受符合其能力发展的平等教育机会。结果的公平是指学生走出校门时获得相同的学业成就，从而使不同家庭背景出身的学生、不同地区的学生、不同性别的学生，在起点上的差别得以消除，实现"实质上的平等"❷。教育公平的原则包括平等原则、差异原则和补偿原则。

2. 义务教育均衡发展

义务教育均衡发展是实现教育公平和社会公平的重要途径，是促进社会公平的基础与核心环节。当前，促进义务教育均衡发展，已成为党和国家确立的我国在新的历史时期教育发展的战略方针❸。2010 年，《国家中长期教育改革和发展规划纲要（2010—2020 年）》指出，均衡发展是义务教育的战略性任务。2012 年的《国务院关于深入推进义务教育均衡发展的意见》强调，要充分认识义务教育均衡发展的重要意义。党的十八大报告亦特别指出，要"提高教育质量，推动义务教育均衡发展"。从本质上来说，"教育均衡发展"是我国义务教育发展的重要理论基石，它是在教育公平思想和教育平等原则的支配下，不同

❶ 毛燕. 当代中国教育公平的问题及对策研究[D]. 石家庄：河北师范大学，2013：5.
❷ 程晓樵. 教育机会均等概念的跨文化分析[J]. 南京师大学报，2004（6）：58－64.
❸ 范先佐，曾新，郭清扬. 义务教育均衡发展与农村中小学教师队伍建设[J]. 教育与经济，2013（6）：36－43，53.

地区之间、城乡之间、学校之间、群体之间的义务教育资源必须均衡配置，为每一个受教育者提供均衡的教育和发展机会❶。在中观层次上，义务教育群体均衡作为教育均衡发展的一个层面，是指各级政府要保证教育资源在不同教育群体之间合理和有效地均衡配置。这一层面的"均衡"特别关注义务教育阶段的弱势群体——如贫困儿童、留守儿童、农村寄宿生、流动儿童等是否能够公平地享受同等质量的教育。

义务教育均衡发展的最基本要求，是在教育机构和教育群体之间公平配置教育资源，达到教育供给和教育需求的相对均衡❷。"均衡"不等于"均等""平均"，义务教育均衡发展不是要求所有学校都处于同一发展水平，其目标是使不同地区的学校发展与当地经济发展水平相一致。我们所追求的均衡发展是能够促进义务教育实现良性发展，并非要求所有学校都遵循同一个标准的绝对均衡发展。义务教育均衡发展也不是"削峰填谷"式发展，而是"填谷"的同时促进"峰"朝着更高水平发展。即加强薄弱学校建设的同时，也要注重优势学校的发展。

3. 萨提亚模式

萨提亚所倡导的"一致性沟通"是关注"自我、他人与情境"三方面的和谐互动，使语言信息与非语言信息一致，意味着个体选择成为真实的自己，能够顺畅表达自己的需要，也能够倾听对方的感受，并适应当下的情境作出积极的回应。它既是一种存在状态，也是一种与自我和他人进行沟通的方式。

沟通姿态。即当个体遇到人际压力的时候惯常做出的反应，也即压力情景下的一种生存模式，包含对他人、情境、自身这三个方面的反应，体现了人的自我价值感。萨提亚认为人类的沟通姿态一共有五种❸：讨好型、指责型、超理智型、打岔型和一致性沟通型。这些姿态是当个体遇到人际压力的时候惯常做出的反应。

冰山隐喻。不同的沟通姿态下，包含了每个人独特的内心世界。冰山隐喻正是把每个人的内心比作一个七层冰山。水平线以上即最上层为行为，包括行动、故事内容，是能够观察到的；水平线下第一层是个体应对姿态，即行为背

---

❶ 翟博. 教育均衡论——中国基础教育均衡发展实证分析[M]. 北京：人民教育出版社，2008.

❷ 范先佐. 义务教育均衡发展与农村教育难点问题的破解[J]. 华中师范大学学报（人文社会科学版），2013（2）.

❸ 维吉尼亚·萨提亚. 新家庭如何塑造人[M]. 北京：世界图书出版公司，2006.

后个体的生存模式，包括讨好、指责、超理智、打岔。然后是感受层、观点层、期待层、渴望层，最后一层是深层次的自己，冰山内外的一致是人内心和谐的一把尺子。理解一个人的冰山，能够更多地帮助其达到内外一致。个体不能够很好地关注和协调自我、他人、情境三者的关系，就会出现内外不一致，提高一致性是减少矛盾冲突，发展适应性良好沟通方式的重要一步。

为了提高个体的一致性，需要一些治疗技术。

萨提亚冥想。为了达到真实一致，个体首先要觉察自己的内心，包括感受和想法等，所以一般将冥想作为治疗的开始。萨提亚冥想是一种带有正向引导、暗示，并专注于呼吸和内在，满足了紧张、恐惧患者被重视、关注的渴望，冥想词充满了对自我的肯定接纳、价值感提升。这种方式可以使被培训者在放松的心境下，通过自我肯定、连接来提高人们的自我价值感，增强自信心，有助于创造一个一致的自我。

说真话训练。说真话训练帮助个体将内心深处的渴望真实表达出来，学会拒绝，是训练一致性沟通的方式。因为人际压力个体对于真实表达充满恐惧而不能身心一致，这种恐惧让个体容易产生无力感、无价值感，说真话训练有助于培养个体的沟通能力、处理压力事件的能力❶。

天气报告。即在表达前向对方进行沟通的有效方式，因为真实一致的表达既要表达个体情感还要照顾情境、他人，过于直接的表达会影响人际关系。天气预报能让对方在自己表达前有心理准备，给对方一个心理准备的缓冲时间，平缓地接受表达内容。

温度读取。即在安全、信任的氛围中，让小组成员拥有平等的机会，鼓励成员自由表达欣赏和激动、忧虑和担心、抱怨及问题的解决方法、新的信息、希望和期待这五个部分，从而改变个体内部、成员之间的"温度"，帮助个体树立自尊，帮助人们澄清误会，与成员建立起信任和亲密关系。同时，在响应不同个体需求时，个体也会变得对自己和他人更具备责任感。

雕塑。体现了萨提亚模式"治疗是体验性的"工具，雕塑的主要目的是要将过往的、触动人心的部分再次呈现在个体的面前，将个体带回到过往中去体验，给人以强有力的冲击，增加自我觉察，更新个体的身体记忆和大脑记忆，作出新的决定。如沟通雕塑让人采用夸张的身体姿态来表现其沟通模式，进而

35

---

❶ 申雨凡，李诺，李丹，等. 萨提亚模式一致性研究评述[J]. 四川民族学院学报，2012（2）：90-94.

促使其改变。

4. 儿童中心论

从教育思想上看，儿童观的转变是由被动的儿童观到主动的儿童观发展变化的过程；从教育实践上看，它是儿童从早期被"边缘化"的处境到逐步成为教育"中心"的过程，核心是"儿童中心观"的逐步确立和被实践接受的过程[1]。

古代的儿童观实际上是一种被动的儿童观。近代法国启蒙思想家卢梭在《爱弥儿》中，首次"发现"了儿童，改变了以往社会把儿童看作"小大人"的看法，确立了"把儿童当作儿童"的儿童观，提出"教育即儿童天性的发展"的观点，要求人们尊重儿童、尊重儿童期。"如果我们打乱了这个次序，我们就会造成一些早熟的果实"，卢梭提出儿童具有不同于成人的精神生活，"儿童是有他特有的看法、想法和感情的；如果想用我们的看法、想法和感情去代替他们的看法、想法和感情，那简直是最愚蠢的事情"[2]。卢梭的儿童观体现了人本化的教育思想。

受近代儿童观变化的影响，现代"儿童中心"思想快速发展。美国教育家更加注重学校环境下解决儿童的主动发展问题。美国新学校实验和进步主义教育运动的先驱弗朗西斯·帕克指出，学校教育活动的中心和焦点是儿童，学校所有条件都要随着儿童需要而变化，帕克认为活动是儿童的天性，所以必须采用遵循儿童天性的方法进行教学[3]。

美国心理学家和教育学家斯坦利·霍尔则提出了"儿童中心学校"的主张。区别于以往儿童适应学校的教师中心学校的模式，霍尔提出要重视和尊重儿童，教育要使学校适应儿童的思想。霍尔从四个方面批判了当时学校教育强制儿童的做法：首先传统学校教育是一个封闭的环境，隔绝儿童与外部环境的联系，不利于儿童成长；其次，封闭强制的学习教育使儿童处于被动接受地位，会引起儿童抵抗、逃避；再次，机械重复的训练浪费儿童的时间、精力，影响其身心健康和道德品行；最后，机械教学、灌输知识、严格管理，不考虑儿童兴趣，不与儿童讲道理，会毁掉儿童的发展[4]。

---

[1] 郭法奇. 儿童观的演进影响现代教育发展[N]. 中国社会科学报，2018-12-20（004）.

[2] 卢梭. 爱弥儿[M]. 李平沤，译. 北京：商务印书馆，1994.

[3] 杨帆. 进步主义教育运动的开端：库克实习学校实验[J]. 河北师范大学学报（教育科学版），2018，20（3）：76-83.

[4] 郭法奇，董国材. 现代教育的早期探索：霍尔教育思想研究[J]. 贵州大学学报（社会科学版），2017，35（1）：123-129.

劳伦斯·克雷明认为，"儿童中心"思想的提出有利于学校教育问题的处理和解决。过去在处理教育教学问题时往往归因于学生，要求学生来举证。由于儿童成为教育的中心，问题的归因和举证主要在学校，学生的权利和地位发生了重大改变❶。

在关注儿童发展的问题上，美国教育家杜威对"儿童中心"地位的重视和肯定最具有代表性。杜威指出，传统教育的特点就是："学校的重心在儿童之外，在教师，在教科书以及你所高兴的任何地方，唯独不在儿童自己直接的本能和活动之中。"❷进而杜威提出了"儿童中心"论，即"儿童是太阳，教育上的各种措施应围绕这个中心旋转；儿童是中心，教育的各种措施应围绕他们而组织起来"。同时，杜威提倡"儿童中心"，并非完全否定教师的作用，他反对的是传统教育中教师所具有的那种专断性的主导作用，杜威也认为任何教育过程都必须有教师和学生共同参与，正确处理师生关系是十分重要的❸。"要使教育过程成为真正的师生共同参与的过程，成为真正合作的相互作用的过程，师生两方面都是作为平等者和学者来参与的。"❹

儿童中心论抨击了传统教育中某些弊端，如忽视儿童的年龄和心理特点、忽视儿童本身在教育过程中的主动性和积极性、压抑儿童个性的发展等是有利的，同时主张重视儿童自身的兴趣、需要和问题以及注意发挥儿童的主动性，发展儿童的能力等，都有其合理性，在教育实践中也是有意义的。但是这种理论以儿童的本能为基础、降低教师的作用、忽视学习系统的科学知识等，这是它的不可取之处❺。

5. 家校合作理论

从家校合作的学校视角，爱普斯坦（2009）❻❼提出的家校分离理论认为，"家校分离"的学校是"视孩子为学生"，而"家校合作"的学校是"视学生为孩子"。如果学校仅仅将孩子视为学生，学校期望家庭做好自己该做的事，而家

---

❶ 郭法奇. 儿童观的演进影响现代教育发展[N]. 中国社会科学报，2018-12-20（004）.

❷ 杜威. 学校与社会∥杜威教育论著选[M]. 赵祥麟，等，译. 上海：华东师范大学出版社，1981.

❸ 李国庆. 从"中心"到"对话"：现代西方师生观的新发展[J]. 教育科学，2005，21（2）：33-36.

❹ 杜威. 杜威教育论著选[M]. 赵祥麟，王承绪，译. 上海：华东师范大学出版社，1981：432.

❺ 孙鼎国，王杰. 西方思想3000年·中[M]. 北京：九洲图书出版社，1998，1161.

❻ Epstein J. L，Sheldon S. B. School，Family，and Community Partnerships：Your Handbook for Action[M]. CA：Sage Publications，2009.

❼ 爱普斯坦. 学校、家庭和社区合作伙伴：行动手册[M]. 南昌：江西教育出版社，2012.

庭却将教育孩子的责任丢给学校，那么可能会发现家庭与学校是分离的；如果教育工作者将学生视为孩子，他们将会发现家庭和社区是学校教育和发展过程中的共同合作者。当合作伙伴认识到他们共同的利益以及对孩子的责任，他们就会通力合作为孩子创造更好的教育计划和机会。所以爱普斯坦进而提出了交叠影响域理论❶，将家校合作活动分为当好家长（家长提升自我能力以更好地承担家长责任）、相互交流（与子女、教师和其他家长有效交流）、志愿服务（到学校做志愿者支持学校教学）、在家学习（辅导、监督子女的在家学习活动）、参与决策（参与学校和班级事务）和与社区合作（与学校一起为社区服务或利用社区资源促进子女成长）等六种实践类型，提出了州、学区、学校各个层面的家校合作组织架构和行动指南。通过家校合作，既改善了学校教学又改善了家长参与，从而共同促进儿童发展，并在一定程度上减轻儿童成长对家庭 SES（社会经济地位）的依赖和相关性，促进教育公平。

从家校合作的家庭视角，拉鲁（2014）❷强调社会阶层对家长参与的重大作用，提出具有社会优势地位的家长在参与子女教育中往往也带着阶层优势，而处于社会低阶层的家庭由于缺少教育传统，父母或不注重教育或没有足够动机追求长远的教育成就，因此较少参与子女教育❸。

五、研究方法

1. 文献法

首先，搜集国内外关于农村寄宿制学校、寄宿儿童、家庭功能、义务教育均衡发展等相关研究文献，通过将家庭功能理论与农村寄宿制学校发展、寄宿儿童生存境遇问题结合起来，论证农村寄宿制学生的家庭功能如何体现，奠定研究的理论基础。其次，搜集并整理国内教育类统计年鉴，深入剖析当前寄宿制学校家庭功能缺失的原因，透视义务教育城乡发展不均衡的现实困境及破解思路。

---

❶ 吴重涵. 从国际视野重新审视家校合作——《学校、家庭和社区合作伙伴：行动手册》中文版序[J]. 教育学术月刊, 2013（1）：108−111.

❷ 安妮特·拉鲁. 家庭优势：社会阶层与家长参与[M]. 江西：江西教育出版社, 2014.

❸ 安妮特·拉鲁. 不平等的童年：阶层、种族和家庭生活[M]. 北京：北京大学出版社, 2009：1−13.

2. 实证调查法

课题组选取 S 省三个县区（T 县、N 县、S 区）为典型调研地，选定教育管理人员、教师、学生及家长为对象，发放问卷和进行访谈，收集数据。同时采用个案研究法，选取典型的低龄寄宿生为案例，深入挖掘他们在学习、生活等方面的困难。对三个县区的 12 所中小学进行实地调研，对 10 位学校校长和行政管理人员、25 位教师、21 位寄宿儿童、10 位农村家长进行访谈，收集低龄寄宿儿童案例 21 个，整理访谈资料 3 万余字。文中提到的相关调查结果和案例，如无特殊说明，均来自课题组调研的一手数据。

第二章　农村低龄寄宿生的
背景和人口特征

一、现实背景

1. 学校布局调整之后低龄寄宿生数量迅速增加

受计划生育政策的影响以及城市化、工业化的发展，农村独生子女增多，致使 20 世纪 90 年代中后期我国农村入学适龄儿童减少，大部分地区的村级小学入学率明显下降。同时，西部地区地广人稀，且人口分布极不均衡，一师一校点约 9 万个，占全国校点的 80%以上，特殊的办学形式使得学校布局分散、校舍建设成本普遍较高，原本短缺的教育经费难以满足基本的教育需求，适龄少年儿童"进不来、留不住"成为"两基"攻坚的难点[1]。

在西部特殊的地理环境与经济条件下，为农村庞大分散的教学点都投入优质的教学资源和师资并达到优良的教学质量越发变得不现实，为了提高教育资源配置效率，降低教育成本，在地方政府财力非常有限的情况下，因地制宜调整农村义务教育学校布局，进行"撤点并校"，可以带来教育资源的优化利用和教学质量的提高。但是据东北师范大学农村教育研究所 2008 年对全国 8 县 77 个乡镇的调查表明，经历了学校布局调整的小学生平均家校距离变远 4.05 公里，其中有 10%的学生家校距离变近，有 31.14%的学生家校距离没有发生变化，在 58.86%的家校距离变远的小学生中，平均变远了 9.19 公里[2]。所以，为解决儿童上学路远的问题，由中央政府筹措主要资金建设与发展农村寄宿制学校，可

[1] http://www.moe.gov.cn/jyb_sjzl/moe_364/moe_1172/moe_1201/tnull_20057.html.
[2] 邬志辉，史宁中. 农村学校布局调整的十年走势与政策议题[J]. 教育研究，2011，32（7）：22-30.

以将优势教学资源集中，足额配置专业化教师，学校也有条件开展丰富多彩的各种教学活动，这无疑将有力地促进西部农村义务教育质量的提高，也为西部偏远地区的儿童公平地享受高质量的义务教育提供了基础。因此，发展西部农村寄宿制学校是政府有效解决教育质量与教育效益问题的最佳策略，也是解决西部农村地区教育资源紧张、促进西部农村义务教育发展的重要方式❶。

最薄弱、最分散、最边远的校点被撤并后，所有的学生都被集中到条件稍好的寄宿制学校就读，寄宿制学校已逐步成为农村义务教育的主阵地，这顺应了农村教育的基本情势，相对集中了农村教育的有限资源并提高了其使用效率，一定程度上形成了学校的规模效益。对于适龄儿童来说，可以增加接受优质教育的机会，但是由于缺乏科学合理的学校撤并标准，大量村小和教学点的撤并，使农村寄宿制学校数量大规模增加的同时，所带来的直接后果就是低龄寄宿生增加，特别是农村山区寄宿学生的低龄化数量增加和规模扩大❷。据歌路营 2015 年调查报告显示，十年撤点并校，学校减少了 37 万所，我国基础教育阶段寄宿生达到 3276 万人，且在小学仅 1100 万人。我们不想看到却正在发生的一个现实是，45% 的寄宿制学校里有一、二年级超低龄住校生，越来越多的孩子甚至从幼儿园开始离家住校。在农村的寄宿制学校中，低龄儿童寄宿的问题十分突出，三年级之前开始寄宿的小学生累积比例高达 55.4%。

2. 偏远农村自然地理环境客观上导致低龄儿童选择寄宿

我国中西部地区多为高山、高原、丘陵地区及牧区、半牧区，有 7 个省区的山区、半山区面积超过 50%，5 个省区的牧区和山区面积超过 70%，尤其高原、高海拔地区全部集中在西部。在 2000 年全国普及九年义务教育的时候，西部地区要比全国的平均水平低出 13 个百分点。中西部地区农村地广人稀，交通不便，而保证居住在这些偏远地区的儿童能够上学并且上好学是我国普及义务教育的重要任务和面临的最大挑战❸。

中西部地区自然环境和条件艰苦，上学路途遥远，低龄儿童若走读上下学将耗费大量休息时间，影响儿童健康成长，家长接送更增加了家庭的机会成本，

---

❶ 王海英. 西部农村寄宿制小学：问题与对策[J]. 湖南师范大学教育科学学报，2011，10（5）：56–59.

❷ 黄启明，扈中平. 生活教育视域下的寄宿制学校生活管理——基于桂东山区寄宿制小学的调查[J]. 教育研究与实验，2015（4）：42–46.

❸ 陈小娅. 教育部谈"实施'两基'攻坚，推进西部教育"[EB/OL].（2007–11–30）[2019–12–10]. http://www.gov.cn/zxft/ft75/.

不方便且不安全,据 2004 年苏北 3 县 15 个乡镇的一份调查结果表明,当地 1200 名小学生中,每天往返路程超过 5 公里的约为 40%,超过 10 公里的有近 10%;全国人大教科文卫委员会在贵州、宁夏、甘肃等地的调研表明,有近 1/3 的学生每天单程超过 3 公里,近 1/8 的学生单程在 5—10 公里;有的孩子才七八岁上小学二年级,每个星期日下午都要背着书包拎着够一个星期吃的米和菜,翻过几个山头,到十多里外的乡中心小学上学❶。另外,校车配备成本高、责任不明、黑车现象普遍、学生的安全意识和自我保护能力欠缺,所以乘校车也存在一定的安全隐患。在这种情况下,低龄儿童选择寄宿在校以有效解决因家庭地处偏远而上学难的问题,减少了儿童上学路上的时间成本和安全风险,保障了儿童的学习和休息时间,有效地促进了我国"普九"的发展目标的实现❷。

3. 城乡义务教育发展不均衡促使大量农村低龄儿童选择到优质学校寄宿

城乡二元结构形成了以城市为中心的价值取向,导致城乡之间义务教育经费投入不均衡,硬件办学条件差距大,教师队伍构成不均衡,素质差异大,在办学条件、办学水平、办学质量、教育效果等方面都存在差距,出现了城乡义务教育发展不均衡的情况。教育部 1978 年颁发的《关于办好一批重点中小学校的试行方案》中指出,将经济建设的"效益优先,兼顾公平"的价值取向直接应用于教育,各级各类教育机构和学校开始强调质量和升学率,兴办重点学校,将有限的人、财、物集中在重点学校,致使城乡学校的办学条件和师资力量进一步产生了悬殊,加剧了学校与学校之间的不平等,使有限的教育资源更趋失衡。同时,城乡之间经济社会发展的巨大差距,推动了大量的农村青壮年劳动人口进城务工,造成了家庭教育管理的缺失,致使留守在家的孩童选择了低龄寄宿。

因家长外出务工,家庭经济能力的变化提高了留守儿童的教育费用支付能力,有助于改善其学习环境。家庭收入提高后,留守儿童的学习环境也在不断改善。例如,提供独立的学习房间、订购书画报刊、购买电子学习工具等。部分农村的精英分子外出后获得了事业发展的机会,在经济地位提高后,他们也越发重视留守子女的教育问题,进而使留守儿童群体出现教育分层。少数留守儿童获得了进入县城或城市接受更好教育的机会❸。

---

❶ 庞丽娟,韩小雨. 农村中小学布局调整的问题、原因及对策[J]. 教育学报, 2005, 1 (4).
❷ 王海英. 西部农村寄宿制小学:问题与对策[J]. 湖南师范大学教育科学学报, 2011, 10 (5):56—59.
❸ 吕吉,刘亮. 农村留守儿童家庭结构与功能的变化及其影响[J]. 中国特殊教育, 2011 (10):59—62.

在此背景下，家长在从众心理以及"不让孩子输在起跑线上"的心理驱动下，动用自身资源，尽力帮助孩子到优质学校寄宿。本来农村学校可以利用生源优势留住一些优秀老师，但现在优秀生源正在不断大量流失，严重危及一些学校的生存问题。既然学生没有了，留下来的教师的教学积极性就更受到影响。

4."两免一补"政策负效应促使儿童过早入学

2005 年，国家提出了在农村义务教育阶段实施"两免一补"政策，即"免除课本费、免除学杂费、给贫困学生提供住宿补贴"。2016 年 7 月发布《关于进一步推进义务教育均衡发展全面提升基础教育整体水平的意见》提出，对农村寄宿制学校义务教育小学生按照每生 1000 元的标准补助公用经费，向农村家庭经济困难的小学寄宿生，每天补助 4 元生活费。《国家基本公共服务统计指标（2017）》显示，目前 1392 万家庭经济困难寄宿生获得生活费补助。因此，对于农村地区而言，"两免一补"政策降低了儿童的失学率，促进了我国义务教育的普及。

学校布局调整后，为控制辍学率，巩固发展"普九"成果，部分地区免除了农村学校学生的住宿费，并为贫困生提供生活补助或免费餐食，这也造成农村地区家庭过早将儿童送入寄宿制学校，过早接受义务教育的现象。研究表明，月均家庭收入同"两免一补"政策对家庭经济影响呈现明显的负相关[1]，即家庭越是贫困，"两免一补"政策对缓解家庭特别是教育方面开支的影响就越大。同时，地方政府和教育部门则更多关注地区范围内哪些适龄儿童没有接受义务教育，对于那些年龄不够却提前接受义务教育的儿童却很少关注，监管的疏忽也造成了儿童过早入学的情况。

43

二、人口特征

1. 地理分布偏远

根据《全国教育事业发展简明统计分析》，2007—2015 年间，我国东部、中部、西部地区农村小学寄宿生比例均有增长，但西部和中部地区增长幅度均

---

[1] 陶菁. 农村留守儿童教育出现的新问题及其对策——对"两免一补"政策效应的调查与思考[J]. 江西社会科学，2007（7）：253-256.

高于东部地区。2015 年西部地区农村小学寄宿生占比约 21%，中部约为 15%，东部约为 6%[1]。所以农村低龄寄宿生多分布于中西部农村地区。这一方面是由于城镇化进程的推进和农村新增人口的减少，农村生源数量下降，伴随义务教育布局调整和集中办学，导致寄宿生比例增长，且寄宿低龄化严重[2]。另一方面是因为我国中西部地区多山地、高原、盆地、丘陵，复杂的地形地势阻碍了交通的发展与建设，影响了经济发展，很多农村家庭与学校距离较远，走读不便，所以中西部特殊地理条件决定了寄宿制学校应作为主要的办学形式。

2. 家庭社会经济背景不佳

农村低龄寄宿生因多生活在西部偏远地区，普遍来自经济条件较差的农村家庭，这也使部分低龄寄宿儿童在接受教育的起点上面临着不平等的境遇。因为寄宿在学校，所以农村寄宿生家庭的教育成本普遍增加了，家庭需要额外支付交通费、食宿费等，又加重了经济负担。因"两免一补"政策中规定"给贫困学生提供住宿补贴"，家庭越是贫困，"两免一补"政策对缓解家庭经济负担特别是教育方面开支的影响就越大，所以在政策驱动下，农村地区经济情况较差的家庭更是早早地把儿童送入寄宿制学校，也造成了寄宿生家庭经济社会情况普遍不佳。

3. 多为留守儿童

随着农村剩余劳动力转移规模的不断扩大，外出务工人员增多，由此形成了大量留守儿童，留守儿童面临着父母照看困难、学习和安全得不到保障的问题，所以在校寄宿成为留守儿童家庭的理性选择，留守儿童寄宿比例明显增大[3]。此外，留守儿童的家庭形式也从过去的以父亲外出母亲守家形式为主的状态，发展为父亲外出和双亲同时外出打工形式并存的局面[4]，根据《中国 2010 年第六次人口普查资料》的结果显示，农村留守儿童占农村儿童总数的 37.7%，这意味着平均每三个农村儿童中就有一个是留守儿童[5]。有研究发现，对于许

---

❶ 侯海波，吴要武，宋映泉. 低龄寄宿与农村小学生人力资本积累——来自"撤点并校"的证据[J]. 中国农村经济，2018（7）：113-129.

❷ 侯海波，吴要武，宋映泉. 低龄寄宿与农村小学生人力资本积累——来自"撤点并校"的证据[J]. 中国农村经济，2018（7）：113-129.

❸ 董世华. 我国农村寄宿制学校发展趋势及特征的实证分析——基于五省部分县（市）的调查数据[J]. 现代教育管理，2013（3）：22-28.

❹ 杨春华. 农村留守儿童与寄宿制教育——试析生活经验缺失对未成年人的影响[J]. 南开学报（哲学社会科学版），2018（2）：80-87.

❺ 全国妇联课题组. 我国农村留守儿童、城乡流动儿童状况研究报告（全文）[EB/OL]. [2016-03-01]. http://acwf.people.com.cn/ n/2013/0510/c99013-21437965.html.

多已婚家庭而言,"为了孩子"成为家长出外打工的主要动机,调查结果显示外出打工家庭对孩子的期望值更高❶,这也从一个侧面体现了农村家庭仅关注从经济层面给孩子创造一个富裕的生活环境,但是忽视了孩子精神世界成长的重要性。

多数留守儿童由祖辈照顾,短期来看,确实解决了外出父母的后顾之忧,提高了家庭的经济收益,但是,长期来看则明显不利于儿童的身心发展,隔代养育往往产生"重养轻教"的现象。对于留守儿童而言,寄宿学校的好处正是可以保证为其提供科学的教育方法,吃住在学校并有老师的陪伴,在生活稳定的同时还弥补了学习无人辅导的缺憾。《国家中长期教育改革和发展规划纲要(2010—2020 年)》要求:"改扩建劳务输出大省和特殊困难地区农村学校寄宿设施,改善农村学生特别是留守儿童寄宿条件,基本满足需要。"这表明,今后相当长时期内,农村寄宿制学校将作为解决留守儿童问题的重要手段,免除农村外出务工人员的后顾之忧,事实上,不少地方早已将寄宿制学校建设与解决留守儿童问题联系在一起了。

---

❶ 杨春华. 农村留守儿童与寄宿制教育——试析生活经验缺失对未成年人的影响[J]. 南开学报（哲学社会科学版）, 2018（2）: 80-87.

第三章　农村低龄寄宿儿童的
生存境遇

一、学习方面

1. 学习任务重

农村寄宿制学校寄宿儿童的课余生活以学业为主,存在超负荷学习的现象。调查发现,学校为加强对寄宿生的管理,把学生在校时间排得非常紧凑,严格的早自习和晚自习,使寄宿制学生很少有自主的课外活动时间,课本知识的学习几乎成了一天生活的全部内容,很多时候甚至要挤占课下的时间来完成繁重的课业任务。家住太白县塘口村的一名小学四年级的寄宿儿童刘某某,因学校熄灯早,在规定时间完成不了作业,所以只能放弃寄宿,每天由家长接送回家,因为回家后,晚上有更充裕的时间完成作业。梅湾村在黄凤山小学读四年级的付同学提到,曾因为忙于写语文、数学作业耽误了英语作业,而被老师打手心。

2. 学习成绩不佳

农村低龄寄宿生学习成绩不佳、学业不良情况较为严重。调查发现,有相当一部分低龄寄宿生在考试中经常出现一门或几门功课不及格的现象,不完成作业或抄作业的行为也比较普遍,学生遇到学习上的难题,因性格内向不能及时向老师或同学请教,这样随着学习知识难度的不断加深,在学习上的困难越来越大,越不懂则越不愿意学习,厌学情绪加重。

3. 教师体罚现象突出

教育惩戒是教师必要的教育管理手段之一,但在教育实践中,教师对教育惩戒与体罚产生了混淆,"体罚一直被视为一种行之有效的教育方式而被广泛地使用着"❶。寄宿制学校学生管理工作繁杂,学生管理困难,教师体罚学生现象较为突出。调查发现,教师体罚学生时往往并非出于教育学生的目的,而很可能只是发泄教师一时的怒气。体罚会使学生心理上感到畏惧或恐慌,身体上也会留下较明显的伤痕,这会在相当程度上影响学生的情绪,对学生正常的生活与学习活动造成比较大的影响。现在已经读初中三年级的姜某某回忆了小学时任课老师和生活老师对自己的体罚:"在我上小学三年级时,英语老师喜欢让我们在黑板上默写英语单词,我的英语本来就不好,读都不会读,她还老叫我默写单词,如果不会就用跑步的接力棒或者几根竹条捆成的东西打手,打的时候如果手缩回去还会加打,比如说本来打 10 下,如果我缩手了就会增加打的次数,增加多少下看老师心情,我最多的一次被打过 70 下。"

二、生活方面

1. 生活自理能力不高

生活自理能力是在日常生活中的自我服务能力,是一个人应该具备的最基本的生活技能。低龄寄宿儿童身心发展还不成熟,生活自理能力不强是客观事实,就其身心发展规律而言,并不具备寄宿学习的条件。在日常生活中,低龄寄宿儿童如果没有生活老师从旁协助,很难照顾自己。调查发现,低龄寄宿儿童对父母有很强的依赖性。当他们离开父母的陪伴,就会将这种依赖性自然而然地转移到老师身上,在生活上极度依赖老师。但由于低龄寄宿生数量多,而生活老师数量有限,工作繁重,根本没有办法照顾到每一个学生。同时,由于低龄寄宿生年龄小,接受能力有限,在老师的教导下很难马上学会一系列的生活技能。所以,低龄寄宿儿童往往会因为生活小事不会料理,从而引发心理和身体健康方面的问题。

2. 校园欺凌问题凸显

2017 年 11 月 27 日,教育部等 11 个部门印发了《加强中小学生欺凌综合治理方案》,首次明确了对"校园欺凌"的界定,并提出了预防举措,规范了处置程序以及惩戒措施等。2018 年 4 月发布《国务院教育督导委员会办公室关于开展中小学生欺凌防治落实年行动的通知》,据国务院教育督导委员会办公室统

47

---

❶ 但汉礼. 中小学体罚或变相体罚现象的特点与成因[J]. 现代中小学教育,2004(2):49-51.

计，2018 年 4—12 月，网络媒体报道学生欺凌事件 80 起。从发生地区看，集中于中西部地区，发生 5 起以上的中西部占 87.5%，西部占 50%。从欺凌者的情况看，半数以上欺凌者对自己的行为没有清晰认识，一些欺凌者甚至将拍摄的欺凌视频或照片传播至网络上。个别欺凌者在事发后企图自杀，伤人伤己。从被欺凌者的应对情况看，只有 8.8%的受害者在遭受欺凌后主动寻求老师或家长的帮助，91.2%的受害者并未主动求助。从被欺凌者的家庭关注情况看，91.3%的家长并未及时关注孩子的精神状态，未尽到监护责任，只有 8.7%的家长及时发现孩子遭受了欺凌。从学校的应对情况看，56.1%的学校在校园日常安全管理和学生欺凌防治中存在明显的问题或疏漏，如监管不严、发生欺凌后处置不力等。从发生地点看，58.1%的欺凌事件发生在校内，高频发生地点包括学生宿舍、操场、教室、厕所。从欺凌者性别看，女生占 43.9%，男生占 39.3%，男女生共同参与占 16.8%。

目前，我国校园欺凌事件时有发生，校园欺凌不仅伤害了被欺凌者的身体，更会使其内心留下阴影，影响其健康成长。有研究表明，我国农村寄宿制学校学生遭受校园欺凌的检出率为 16.03%，较城市非寄宿制学校更为严重❶。农村寄宿制学校环境相对封闭，学生们 24 小时都在一起生活，这就为校园欺凌的发生提供了更多的机会和场合。

以黄凤山小学为例，学校会将寄宿的一、二年级学生与高年级（五、六年级）学生安排到一个宿舍，希望生活中高年级学生能够帮助到低年级学生，但实际上却为高年级学生欺负低年级学生创造了环境。校园欺凌会显著影响寄宿儿童的心理健康水平，造成抑郁、焦虑、社会退缩和低自尊等问题。调查发现寄宿制学校的欺凌类型主要为身体欺凌、言语欺凌和关系欺凌。二年级的寄宿生杨某某讲："宿舍的高年级姐姐会因为宿舍卫生没搞好踢我腿，一周会发生好几次。她们还会把很多水倒我床上，一大滩，我当时就哭了，只能在别人床上睡觉，却不敢和爸妈、班主任和生活老师讲，因为告状会再被欺负。"校园欺凌也会年级传递，现在已经读初中的姜某某讲："小学寄宿时父母怕我被欺负，所以找关系特意把表哥和我安排到一个宿舍，当时自己被欺负后就抱着哥哥的腿哭，整个宿舍楼都听得见。"他也讲到自己读高年级后欺负低年级的事情："那

---

❶ 吴方文，宋映泉，黄晓婷. 校园欺凌：让农村寄宿生更"受伤"——基于 17841 名农村寄宿制学校学生的实证研究[J]. 中小学管理，2016（8）：8—11.

些宿舍小孩的零食不用偷，看谁不顺眼拉过去打一顿，还有像洗脚水和饭都会让他去打。"

3. 学校设施服务满意度低

学校设施服务是学生生活学习的基础因素。由于教育资源配置不均衡，农村寄宿制学校建设不完善，宿舍环境差，学校食堂提供的菜少，学生基本生活质量不高，学校的安全、卫生保障也不能满足实行寄宿制的需要，导致低龄寄宿生对学校设施服务满意度低。二年级的杨某某说："我不喜欢吃豆角、茄子、辣子，可学校一直做这个，我就会吃很少或者不吃直接倒掉，然后回去自己吃零食。"因为不按时吃饭，"我会经常肚子疼，应该是饿的，一周会有三次"。

三、情感方面

1. 亲子沟通不足

家庭亲情是孩子成长的原动力，家庭亲情缺失、家庭教育功能的非连续性，势必影响寄宿生良好心理品质的形成[1]。对于小学生来说，父母对子女的关心和频繁联系能够促进亲子关系的和谐。但调查发现，寄宿生平时和父母见面的机会相对较少，一般为每周回家两天，他们得到的直接亲情也较少。没有了亲情的保护，弱小的孩子们会失去安全感，存在着程度不同的心理问题。个别寄宿生会产生被遗弃感，甚至出现了厌学、行为偏激等现象，这些都严重影响了学生的身心健康。学校也还未建立起有效的寄宿生在校反馈机制，学生的在校信息很难及时传递给家长。家长关心的重点只在孩子的学习成绩，而低龄寄宿儿童在校经历的事情不愿意和父母分享，被欺凌更是不敢说，家长难以及时获悉孩子在校的情况，也就无法帮助他们排解在学业或情感上出现的问题。在读四年级的付某的母亲讲："自己不会主动联系老师，老师会一个学期打次电话简单说说孩子的表现。"当问及孩子寄宿会不会想家、不舒服时，付某的母亲表示："那个没有考虑，主要担心学习成绩，还有就是打架学坏。"

2. 同学关系不融洽

低龄寄宿儿童由于寄宿，在社会性交往方面从家庭内部成员之间的交往突然转移到家庭外的同学之间，由于环境、角色的改变，心智发展尚未成熟的寄

---

[1] 李军，刘凤华. 河北省农村低龄寄宿教育的现状与策略[J]. 衡水学院学报，2012（3）：94-96.

宿生会显得有些不适应，由于性格内向和同伴也不能良好地交流，不良的同伴关系对儿童是一种压力性的体验——这种体验本身和相伴随的缺乏社会支持使得儿童在面临其他生活压力时更加脆弱❶。在鹦鹉镇中心小学就读的张某某讲："四年级我留了一级，我比较喜欢跳舞，有六一之类的活动我就会参加，他们男生女生就一起嘲笑我，就慢慢不想和他们说话，不怎么相信别人，四年级以前挺活泼的，之后就感觉不自信、自闭，不想多说话，怕闹矛盾。"与此同时，寄宿制学校宿舍的欺凌事件也影响着同伴关系的建立，由于不被同伴接纳，又缺乏与父母的交流，寄宿儿童更容易感到孤独，这种孤独的体验会与抑郁、被遗弃感相联系，使寄宿儿童找不到社会归属感，并导致自尊下降。

3. 师生关系紧张

师生关系作为儿童生活中的一种重要人际关系，不仅影响小学生的学习、情绪、自我等方面的发展❷，而且对小学生的亲子关系、同伴关系都有重要影响❸❹。在寄宿制学校中，寄宿儿童大部分时间与教师生活在一起，尤其生活教师承担着情感关怀以及生活指导的责任，良好的师生关系不仅是教育教学的基础，更是低龄寄宿儿童适应寄宿生活的保障。调查发现，寄宿制学校任课老师、生活老师体罚学生情况比较严重，六年级的吴某某回忆说："有一次下晚自习，我回宿舍准备接点水洗脚，有同学水接多了就分给了我一些，结果这一幕被生活老师看见，他以为是我欺负同学让他们帮我打洗脚水，二话没说就开始打我，拖着我甩来甩去的，这件事我记了很长时间，所以我很讨厌生活老师。我的小学时光几乎是比较黑暗的，从小学到初中我对宿管老师的印象就是整天欺负同学，让他们扫地，他们就像监工一样。"所以，面对教师的体罚学生表面上服从、害怕，而内心里却认为教师无能、粗野、水平有限，只会用简单粗暴的方式来解决问题，从而导致师生之间情绪的对立和关系的紧张。

---

❶ 邹泓. 同伴接纳、友谊与学校适应的研究[J]. 心理发展与教育，1997（3）：55.

❷ Pianta R C，Steinberg M S，Rollins K B. The first two years of school：Teacher-child relationships and deflections in children's classroom adjustment.[J]. Development & Psychopathology，1995，7（2）：295-312.

❸ Howes C，Hamilton C E，Matheson C C. Children's Relationships with Peers：Differential Associations with Aspects of the Teacher-Child Relationship[J]. Child Development，1994，65（1）：253-263.

❹ Birch S H，Ladd G W. Children's interpersonal behaviors and the teacher-child relationship[J]. Developmental Psychology，1998，34（5）：934-46.

第四章　家庭支持在改善儿童生存境遇中的作用

一、抚养功能

对于学龄儿童而言，家庭抚养主要是为儿童提供衣食住行所必需的生活品，为儿童营造安全、健康、幸福的生活条件和氛围，为儿童文化素质和生活技能的培养创造条件，使生活抚养与家庭教育有机统一起来。

从儿童方面看，儿童生理、心理未发育成熟，自我保护意识和自我保护能力都较差，难以独立生存，属于弱势群体，需要家庭为儿童营造安全、健康、幸福的生活条件和氛围，对儿童进行抚养和保护，以保证儿童的生存和发展。《未成年人保护法》规定："未成年人享有生存权、发展权、受保护权、参与权等权利。"所以，从法律上，儿童享有家庭给予的保护。儿童时期是一个人的生理、心理和社会性发展的关键时期，儿童的身心健康水平、思想道德、行为习惯等基本素质的形成，都与家庭生活环境的熏陶和父母的抚养教育密切相关，家庭发挥良好的抚养功能，将为儿童一生发展奠定重要的基础。

从家庭方面看，家庭是儿童与社会的中介，是儿童抵御各种风险的屏障，家庭能否很好保护和抚养儿童，直接决定着幼小的生命能否延续，决定着人的社会化效果乃至整个人生的命运。《未成年人保护法》规定："父母或者其他监护人应当创造良好、和睦的家庭环境，依法履行对未成年人的监护职责和抚养义务。"所以，从法律上，抚养、保护子女是每个家庭的父母必须认真履行的义务，是义不容辞的法定责任。家庭对儿童的抚养是与家庭生育功能相联系的，包括向未成年人提供吃、穿、住、医疗等必需的生存条件，保障儿童身体健康和安全以及以多种方式的爱抚，满足儿童的健康成长的物质和精神情感需要等❶。

寄宿生在学校不仅是在上课学习，更多时间是在生活，是在学校度过儿童的成长时期，所以寄宿制学校理应承担起抚养功能，不能只关注儿童的学业，更要关心儿童身心的健康发展，保证儿童有一个快乐、积极、向上的成长环境。

二、教育功能

家庭是儿童自出生后接触的第一环境，父母对儿童的教育是先于学校教育的，儿童的人生观、世界观、价值观的形成和父母的言传身教及家庭潜移默化的影响密切相关。所以，家庭教育是第一环节，发挥着基础作用。家庭的教育功能是指，在家庭生活中发生的，以亲子关系为中心，以培养社会所需要的人为目标的教育活动，是人在社会化过程中家庭对个体产生的影响作用❷。家庭教育教育主要涉及课业辅导和习惯的养成。《婚姻法》规定："父母有保护和教育未成年子女的权利和义务。"这就是说，教育子女是每个公民法定的义务，这也决定了家庭对儿童的教育是区别于学校、社会和其他组织形式的，对儿童的教育具有独特的作用。《关于指导推进家庭教育的五年规划（2016—2020年）》强调："突出家庭道德教育内容，家长注重培养儿童的优良品质、健康人格和良好行为习惯。"❸说明了家庭教育在儿童品德教育和习惯养成方面发挥着重要作用。

家长是孩子的第一任老师，家庭是其人生的第一所学校，家庭教育对于孩子的德、智、体各种素质的形成和发展起着重要的促进作用，特别是对孩子的思想品德及个性的形成和发展方面，可以说起到形塑的决定性作用。在良好的家庭教育环境中，儿童可以避免不良社会交往产生的消极影响，使行为和习惯健康规范地发展。因此，家长应认识到自己对孩子的发展所起到的作用，同时明确自身在家庭教育中的作用：树立正确的教育观念，抓准教育内容与方法，及时发现问题、防微杜渐，注重对孩子在思想品德、身心健康等方面的培养。

儿童因寄宿在校致使接受到家庭教育的机会减少，尤其是留守寄宿儿童，

---

❶ 关颖. 未成年人家庭保护的社会学思考[J]. 理论与现代化，2007（6）：115-119.

❷ 邓佐君. 家庭教育学（教育学丛书）[M]. 福州：福建教育出版社，2011.

❸ http://www.nwccw.gov.cn/2017-05/23/content_157752.htm.

父母常年外出务工对儿童言传身教的影响就会减弱，儿童思想品德、生活习惯、自理能力的教育本由家庭教育完成，但儿童寄宿到学校以后，家庭教育的这种生活教育功能逐渐转移到学校方面。

三、情感关怀功能

家庭是儿童情感寄托的场所，是儿童成长的原动力，家庭的情感满足功能对于儿童的成长起着至关重要的作用，能够影响儿童一生。对于儿童而言，通过与父母和亲人的情感沟通可以缓解在学校紧张的学习情绪，获得心理上的慰藉和满足。

家庭情感关怀，即父母关怀儿童的态度、情感、信念以及情绪，包括关怀儿童的个人发展和社会发展以及他们的自尊，使儿童能够身心愉悦地发展。儿童的生存能力与父母的关系是家庭情感关怀的核心。丰富而健康的家庭情感关怀是儿童精神生活得以高度发展的必要条件，也是影响儿童学习和成长的直接因素。家庭的情感关怀能够帮助问题儿童建立积极的人格品质、良好的人际关系及正确的人生观和价值观。而且，儿童与父母情感的互动与交流，对家庭教育能够产生特殊的、不可低估的功能。享有丰富家庭关怀的儿童，会增强自尊心和自信心，内心将充满温暖和关爱；相反缺乏家庭关爱，儿童的内心往往会变得敏感、脆弱，极容易对他人产生不信任感。

以父母为中心的家庭情感支持对于预防儿童越轨行为有缓释的作用。当外出父母给予儿童足够的支持时，来自家庭和亲情的关爱和照顾有助于增强留守儿童面对社会紧张和压力的信心，而在学校和社会中遭遇挫折产生的负面情绪也会很快得到疏导和排解，进而降低产生越轨行为的可能性。因此，来自家庭的情感支持能够帮助留守儿童保持健康向上的精神状态，增强其面对外界压力和个人负面情绪的信心，避免社会不良思想和行为的影响。

亲子关系、同伴关系、师生关系是学龄儿童主要的三种人际关系，这三种人际关系都对儿童有重要的情感作用，同时彼此之间又相互作用，组成一个统一的整体。在低龄寄宿儿童住校亲子关系缺失的客观条件下，寄宿制学校需要帮助寄宿儿童建立起良好的同伴关系和师生关系，实现对寄宿儿童情感上的补偿。

四、家庭与学校的合作

最完备的社会教育是学校与家庭教育的结合❶,儿童的协调发展要求学校教育和家庭教育互相补充❷。通过家校合作中学校更加积极科学的付出,可以弥补寄宿儿童家庭教育的供给不足,弥补农村隔代教育中出现的问题。家校合作已经成为世界各国教育研究和学校教育改革的一个主题,是教育发展的一个趋势。家校合作能够慰藉寄宿儿童。连通家庭和学校两个不同的世界,克服寄宿儿童时空上离开家庭而缺失父母精神慰藉的困难,弥补寄宿儿童因住校而产生的对家庭的认识和体验缺失,修复长时间感受不到乡村文化中的亲情和伦理关系而对乡村文化感情的淡漠。农村寄宿儿童的家长文化程度普遍低,教育方法和理念落后。通过家校合作,不仅可以传授家长现代教育理念,提升家庭教育水平,而且能够促使家长和教师在教育的理念、方法上达成一致,进而形成教育合力,形成家校教育闭环,引导孩子健康成长。家校合作能够提升学校教学和管理质量。家长参与学校教育,能够通过家长或者父母的角度观察寄宿制学校的现状,更能关注到学校管理可能忽视的问题,家长提出的意见和建议能为学校管理者提供新的思路,更好地建设寄宿制学校。同时,家长参与学校教育,有利于家长加深对学校、教师教育教学活动的理解,提升家长和教师的有效沟通,减少沟通成本❸。

---

❶ 苏霍姆林斯基. 帕夫雷什中学[M]. 赵玮,等,译. 北京:教育科学出版社,1983:7.

❷ 国际21世纪教育委员会. 教育——财富蕴藏其中[M]. 北京:教育科学出版社,1996:96.

❸ 王亚,李孝川. 云南民族贫困地区寄宿制学校家校合作实施路径研究——基于 SWOT 分析的视域[J]. 昭通学院学报,2017,39(2):6-12.

第五章　农村低龄寄宿生发展中家庭功能缺失的问题

一、抚养功能方面

1. 宿舍功能缺少"家庭元素"

宿舍是除了教室之外寄宿生最重要的重要生活场所,在寄宿生生活、交流、休息中发挥着重要作用,学生的健康成长离不开舒适、安全、文明的宿舍生活环境。对于学校而言,学生宿舍的维护与管理是寄宿制学校管理的重要内容,关系到学生人身和财产的安全,也关系到学校正常教育教学活动的开展。寄宿生尤其是当中的留守儿童客观上长期缺少父母的爱抚,易产生亲情缺失,尤其是当低龄寄宿生数量不断增加时,寄宿设施仍按照小学高年级学生的标准来设置,必然会影响低龄寄宿生的生活体验。宿舍作为寄宿生在校生活的一个"家",应当通过添加"家庭元素",增加亲情设计,营造宿舍"家"文化。

学校的建筑及内部规划都以成人视角进行设计,追求规制而弱化了育人功能,将儿童情感需求放到了次要位置,将儿童的成长窄化为知识的增长、成绩的提高,儿童在娱乐、休闲、交往等方面的需求被忽视,同质化、单一化的空间,阻碍了对学生创造力的培养。目前很多农村寄宿制学校的学生宿舍是利用旧教室改建的,改造时缺乏人性化、亲情化设计,缺少"家庭元素",绝大部分寄宿制学校只能满足学生睡觉的基本生理需要。硬件设施方面:宿舍空间狭小,床铺间距小,仅满足休息所需,部分寄宿学校还存在"大通铺"的情况,拥挤的空间,易造成寄宿生紧张和局促不安;储物柜的缺乏,行李、日常用品摆放无序、"见缝插针";室内缺少厕所,洗漱空间不足,高峰期拥挤,其位置、数量和质量等都直接影响着寄宿生的身心健康。室内空间环境方面:室内使用材质如床铺铁梯、白色或未粉刷墙的墙壁，造成冰冷的体验；由旧教室改造的宿舍，原有的大窗户虽采光良好，但保暖欠佳，冬季寒冷；宿舍内廊式的布局，背阴房间采光欠佳，室内常常昏暗；走廊设计过长，环境单调、沉闷。宿舍安全方面存在隐患：宿舍建筑仅有一个供学生出入的门口，没有多余的疏散出口；床铺过密，过道狭窄；缺少夜间自动照明设施；宿舍内缺乏消防设施，更缺少培训。宿舍功能单一：寄宿生宿舍仅仅能够勉强满足就寝需求，缺乏交流空间，如阅览室、活动室；缺少宿舍文化的营造，没有宣传栏、展示栏等展示学生风采、展示宿舍文化的设施。宿舍缺少人文因素和亲情设计，难以营造一个亲情化、有归属感的空间，宿舍空间布局没有考虑到儿童好动、好玩的心理特点，无法慰藉儿童的心理，宿舍环境也没有寄托学生情感的功能，反而增加了寄宿生的苦闷。正是由于宿舍功能的不完备造成家庭缺失的功能无处补偿，学生无法以宿舍为场所缓解自己紧张的情绪，加剧了学生生活管理上出现问题的频率。

2. 营养膳食无法满足

中小学阶段是儿童生长发育的重要阶段，尤其在小学阶段，儿童如果膳食结构不合理，长期营养不良，可导致其生长发育迟缓、贫血、机体免疫力降低、学习能力下降。中国居民健康营养状况已经有很大改善，但仍存在突出矛盾：2012 年 6–17 岁儿童青少年生长迟缓率为 3.2%，城市儿童和农村儿童分别为 1.5% 和 4.7%。2013 年中国 6 岁以下儿童低体重率为 2.5%，城市儿童为 1.7%，农村儿童为 3.2%，其中，贫困农村儿童低体重率达 5.1%，多年来农村儿童低体重率始终高于城市，以贫困农村儿童最高[1]。农村寄宿制学校地处偏远落后地区，学生家长因经济原因或营养膳食知识的缺乏，不能够给予儿童良好的营养摄入，同时，儿童寄宿在校，一日三餐主要是在学校食堂进餐，所以学校食堂承载着家庭转移给学校的抚养功能，学校食堂的食物供应情况将直接影响儿童的膳食状况，但是，现行农村寄宿制学校食堂却难担此重任。

食堂硬件设施不足。因政府过去对学校食堂的投入方面不足，导致部分改建成寄宿制学校的食堂多由教室改造，食堂设施简陋，很多学校食堂总体面积不足，需学生自备餐具，餐具卫生条件不可控。

---

[1] 国家卫生计生委疾病预防控制局.《中国居民营养与慢性病状况报告（2015）》[M]. 北京：人民卫生出版社，2015：21–24.

膳食结构方面，寄宿小学生的膳食结构中碳水化合物所占供能比例过大，而能量、蛋白、脂类及各种人体生长发育必需的元素严重摄入不足，且缺乏蔬菜和优质蛋白质的摄入，长期沿用此类饮食结构，会导致儿童发育水平低下[1]。因条件限制，多数农村寄宿制学校食堂不能为学生提供水果，但是水果含有大量的矿物质、维生素和膳食纤维，其营养价值不能完全用蔬菜来代替。

2011年开始试点农村义务教育学生营养改善计划，但是实施过程中学校主要以提供午餐为主，但发现很少吃或不吃早餐的寄宿生比例大[2]。部分寄宿生尤其是女生存在偏食、挑食等问题，如果营养素补充不及时，则更易造成营养不良。从能量需要来说，明显不能满足学生身体发育和学习用脑的需要，甚至会对学生的健康造成较大影响，这就背离了营养改善计划的初衷。

教职工方面，很多学校领导对食堂的管理还停留在让学生吃饱的基本层面，营养意识不足，所以，对于食堂质量监管更注重饭菜的分量及口味，很少考察营养搭配问题；大部分农村寄宿制学校没有专业的健康教育教师，营养、健康知识的宣传欠缺，没有为学生开设健康教育课，营养知识方面教育多以班会、宣传栏、广播或升旗仪式上讲话的形式，内容主要涉及预防传染病、培养良好卫生习惯以及吃早餐、少吃零食和不挑食等，学生自身营养意识弱；食堂员工缺乏正规培训，营养知识匮乏，膳食搭配不科学，因此无法满足学生生长发育的需要。同时，由于农村劳动力缺乏，其食堂工作时间长，食堂招工难度大，食堂员工女性为主，年龄偏大；食堂经营大多采取承包制或半承包制，在这种经营模式下，食堂工作人员的工资、食堂设备等都被计入成本，公用经费被挤占。

二、教育功能方面

1. 习惯养成指导不足

叶圣陶说过："教育是什么？往简单方面说，只需一句话，就是要养成良好习惯。德育方面，要养成待人接物和对工作的良好习惯；智育方面，要养成寻求知识和熟悉技能的良好习惯；体育方面，要养成保护健康和促进健康的良好

57

---

[1] 杨宇轩，王小娟，胡森科，等. 陕西某县小学生营养状况及相关因素研究[J]. 中国妇幼健康研究，2013，24（4）：474–477，590.

[2] 宋乃庆，邵忠祥. 义务教育学生营养改善计划实施的问题与对策[J]. 中国教育学刊，2014（10）：1–4.

习惯。"❶《国家中长期教育改革和发展规划纲要（2010—2020 年）》明确提出对于义务教育阶段的儿童少年要"注重品行培养，养成良好习惯"❷，家庭教育在儿童习惯养成方面发挥着不可替代的作用。

另外，农村寄宿生家长大都文化程度不高，家庭教育中对儿童日常行为习惯的养成重要性认识不足。且寄宿生多为留守儿童，父母外出务工，多由祖辈照看，祖辈的疼爱多是因为怕孩子给外出的父母"告状"，所以造成了孩子的娇生惯养，家庭养成教育更无从谈起。在学校就表现为不讲礼貌、不讲宿舍卫生和个人卫生、自理能力差、不爱护公物，等等。所以，在习惯养成方面，家庭教育的缺失与不足就需要寄宿制学校来补偿。

农村寄宿制学校将寄宿生习惯的养成，简单化为规训。在管理上表现为：通过严格、紧凑、高度一致的作息时间表，将寄宿生的时间进行精密划分，以此养成寄宿生守时、准时的生活、学习习惯；宿舍卫生的奖惩通报，教室窗外不时"监视"的班主任，通过机械的管理方式，让寄宿生养成守纪律的行为习惯；在寄宿生的宿舍生活中，由于生活老师缺乏，即使有生活老师也只是充当着宿舍管理员的角色，负责看管宿舍财物和督促学生按时睡觉，没有为学生养成教育提供系统的指导。在日常教学中，由于教师重视学习成绩，所以高度重视学生学习习惯的培养，忽视了"促进学生全面发展"的养成教育目标。在德育上的表现为：将养成教育着眼于寄宿生"问题行为"的纠正，而不是着眼于儿童的优势和潜能，通过居高临下的严厉批评和严肃处理，试图教育寄宿生改良行为习惯并起到教育示范作用，但造成的结果却是儿童自我效能感降低，并在同学中形成"差生"的"刻板印象"；对于德育教学，重在德育知识的灌输和德育行为的教学，缺乏道德实践，导致学生知行脱节，无法将德育认知内化于心，外化于行，仅停留在了解、知道的层面，无法形成长期稳定的自觉道德行为。随着寄宿生的低龄化，儿童幼年时就离开家庭、社区等生活环境，儿童最缺乏的是丰富多样的生活体验和健全的情感体验，而这种"圈养"不利于儿童健全人格的形成。

2. 过于关注学习结果

在学业方面，过于关注学习的结果，重视名次高低。寄宿制学校节约了学

---

❶ 叶圣陶. 叶圣陶教育文集：第 2 卷[M]. 北京：人民教育出版社，1994.

❷ http://www.moe.gov.cn/jyb_xwfb/moe_176/201901/t20190129_368518.html.

生上学路上往返家校的时间，减轻了学生家务的干扰，保证了农村寄宿学生的有效学习时间，可以巩固知识、预习新课，同学讨论、请教老师的机会也增多了，这是寄宿制学校的教学优势。

寄宿制学校普遍采取"以课代管"的方式消极地利用多余时间，布置大量作业，加重了学生的课业负担，将儿童身心活动完全掌控在教师的教学安排之下，由此教师、家长对寄宿生有了更高的学业期待。同时，"成绩崇拜"不仅在寄宿制学校，在中国义务教育阶段更是广泛存在，这也是学龄儿童生存境遇恶化的重要原因之一。"以分数论英雄"，为儿童"贴标签"，获得高分就是优等生，获得低分就是差等生，将分数当成儿童发展质量的硬标准，没有考虑到儿童的利益和需求，阻碍了儿童健康和全面发展和整体素质的提升，以分数为目的的教育，更难以开发、发挥儿童潜能，无法为儿童一生的发展奠定重要基础。相反，片面追求成绩，给儿童造成心理焦虑，使儿童很难获得学习的成功体验和乐趣，不能充分发挥促进和激励儿童学习的功能，应试成为儿童学习的唯一目的，多姿多彩的童年生活变成苦涩的题海世界。成绩是教学结果的量化，是学生学习收获的表象，但是过于重视成绩、排名，采用标准化的指标评价儿童，过度追求教育的一致性，是在漠视儿童的个性，扼杀儿童自我发展的动力。机械的教学只能使儿童成为呆头呆脑、不苟言笑的小老头，毫无成长乐趣可言。

3. 对兴趣培育关心程度低

小学阶段是发现学生优势，促进学生全面发展关键时期，关注学生的兴趣与天赋，开展课外科技、艺术、体育等活动，丰富课余生活，促进学生全面发展、整体素质的提升，对于学生的一生发展有重要意义。课外文化活动的内涵非常丰富：体育活动，强健学生体魄，锻炼学生坚韧的毅力，培养学生合作、拼搏精神，让学生自信勇敢；文艺活动，张扬学生个性，让学生学会欣赏美、感受美，体悟生活中的乐趣；科技创新活动，激发学生求知欲望，培养探索精神，发挥学生内在潜能，焕发学生创造力。现实情况却是，寄宿制学校将本应该丰富多彩的教育活动窄化成为机械的教室听课活动，课外活动组织意识不够，活动内容单一，活动随意性较大，没有体现精心设计；"安全第一"变成教师开展课外活动的桎梏，过于强调安全问题，束缚了丰富的活动内容的开展；课外娱乐活动基础设施质量不高，限制了学生课外活动的质量。

学生寄宿在校，一方面，除去课堂学习，课余时间需要充分利用起来；另一方面，尤其是农村学生，因家长的教育理念、家庭的经济条件，学生课外特长兴趣的开展有限，而寄宿制学校依靠自身师资开展全员参与的课外活动，在一定程度上推动了教育均衡的实现，补偿了农村学生课外特长兴趣培养的缺失；最重要的是，依据学生兴趣选择的课外活动，顺应了儿童的天性，发展了儿童多元的兴趣爱好，促进了儿童内在潜力的发挥。违背儿童成长规律，过于关注寄宿生的学习成绩，加重学业负担，这一系列的行为，将寄宿制学校在弥补农村家庭教育功能缺陷方面本可以发挥的功能抛弃了。

三、情感关怀功能方面

1. 亲子关系发展受阻

低龄寄宿儿童因住校，亲子交流受到时间和空间的阻隔，亲子沟通严重不足，亲子间交流程度很浅，家校间联系不紧密，父母不能很好地观察和了解到孩子的现状，难以弄清楚孩子在校生活中面临的问题，进而难以知道他们真正需要的是什么。调查发现，大部分家长仅仅关注孩子的成绩，对孩子心理需求关注不够，对孩子的行为习惯、性格的变化等都难以掌握，加上孩子日益增长的独立意识和家长的权威意识很容易导致亲子关系处理不当，使两代人之间冲突日渐频繁，又因缺乏行之有效的解决办法，使得亲子关系的发展受到阻碍。

2. 教师忽视双重角色定位

在寄宿制学校中，教师充当着教师和家长的双重角色。目前寄宿学校师生之间的沟通仍然局限于课堂上，教师大多关心学生的学习情况，课下与学生的交流不多，即使有交流也是关于学习的问题或者处理学生的不良行为、同学之间的冲突，缺乏对学生生活、情感、心理的关心。教师对学生生活、情感的需求不了解，更不可能予以满足，并且倾向于同成绩好和成绩差的学生交流，而对成绩一般的学生的关心不够，很少与他们进行交流。大部分教师的确是爱学生的，只是没有采取恰当的方式去爱。他们严格要求学生，常常因为学习而责骂学生，加大作业量，自认为这些做法是出于善意地、真诚地关爱学生。但教师的这种狭隘的关爱对于学生来说是一种痛苦，学生不认同并渴望摆脱这种"关爱"，于是师生间情感就像隔着一堵墙，不能实现心灵与心灵的沟通，师生之间的心理距离便越来越远。

3. 良好的同伴关系没有建立

对于学生来说，建立起良好的交际关系是十分重要的，它可以给予学生情感上的支持。寄宿制学校的低龄儿童，父母都不在身边，所以良好的同伴关系可以排除学生在心理上的孤独感，为学生提供一个可以宣泄情绪的途径[1]。在同伴关系中，一些人可能是亲密的朋友，另一些人可能只是玩伴，还有一些人可能仅是相识而已，极少数人可能是竞争对手或敌对关系。调查中发现，教师在寄宿儿童日常生活中并没有积极引导其建立良好的同伴关系，同住一个宿舍的舍友由于高低年级融合的原因，不仅没有形成家一般温暖的氛围，反而产生了宿舍欺凌的问题，也就形成了敌对的同伴关系，一旦遭受欺凌，儿童更可能把自己的情绪与感受隐藏起来，有些学生甚至会把遭受欺凌归因为自我问题，从而引发抑郁、焦虑、社会退缩和低自尊等一系列心理健康问题。

4. 因受挫和标签化引致暴力欺凌

由于部分高年级寄宿生长期无法适应寄宿制学校的学习和生活，遭受心理挫折，同时，学校没有采取措施减少寄宿生对学校的不适应性，没有及时关注并化解寄宿生的心理问题，致使其心理挫折感越发严重，无法通过合理方式化解，便会通过愤怒情绪向外发泄产生攻击行为。一方面，受害者也存在使用攻击行为反抗施害者的可能。另一方面，部分寄宿生因在校的一些不良表现，包括学习成绩差、调皮捣蛋等，而被同学或教师急于贴上"坏学生"的标签，这部分寄宿生便在自己的不良表现和师生的评价中逐步形成自我认同，并按照大众"坏学生"的标准行事，在教师没有及时干预和疏导的情况下，越发严重地做出了校园欺凌行为。

因为校园欺凌的存在，如果学校没有及时做好校园文化建设，营造积极向上、团结友爱的良好氛围和环境，校园暴力亚文化便会逐步形成，并逐渐渗透到寄宿生群体的心理品质之中，从而对寄宿生心理造成更大影响[2]。

61

---

[1] 张海波，王守纪，杨兆山. 关于农村寄宿制学校学生适应问题的思考[C]// 东北师范大学农村教育研究所. 农村教育与农村发展高端论坛论文集. 2008.

[2] 赵伟. 校园暴力视角下的校园安全体系建设[J]. 河南警察学院学报，2012，21（1）：27-30.

第六章　农村低龄寄宿生发展中家庭功能缺失的原因

一、城乡二元经济社会背景下低龄寄宿生家庭生存压力较大

城乡二元结构是我国经济和社会发展中的典型特点，是造成农村人口生存压力的制度原因。在计划体制时期，多数地区采取"城市中心"价值取向和经济发展模式。尽管在改革开放后，国家实施了一系列城乡统筹发展政策，但是城乡二元结构仍保持着强大的对冲力，阻碍着城乡一体化发展，城乡二元结构并没有随着农民进城、农户非农收入提高而出现松散，城乡区域发展和收入分配差距依然存在。以城乡居民人均可支配收入水平为例，2002年以前我国城乡居民人均可支配收入比值在3以下，2002年达到3.11；此后，2002年到2012年，城乡居民人均可支配收入比值连续11年超过3。可见，城乡经济发展的不均衡导致城乡居民的收入差距不断拉大。直到2013年，城乡居民人均可支配收入比值略有下降，比值为2.81，到2018年该比值下降到2.69（见表1）。可见，虽然近年来城乡居民收入差距有所降低，但仍存在不小的差距。

表1　2013—2018年我国居民人均可支配收入情况（元）

	2018	2017	2016	2015	2014	2013
城镇	39251	36396.19	33616.25	31194.83	28843.85	26467
农村	14617	13432.43	12363.41	11421.71	10488.88	9429.59
城乡居民收入比	2.69	2.71	2.72	2.73	2.75	2.81

资料来源：根据2013—2018年《中国统计年鉴》数据整理。

同时，受自然条件的影响和制约，我国西部偏远山区经济发展条件较差，导致山区产业结构单一，经济发展落后。另外，西部偏远山区村落规模较小，人口分布极为分散，进一步加大了教育、医疗、交通等基本公共服务建设的难度。所以，在制度和自然环境的双重影响下，地区经济发展落后，公共服务欠缺，家庭收入偏低，造成农村家庭面临着巨大生存压力，中国农村人口出现大规模、长时间的外出务工是"生存压力"下的理性选择，而家庭中孩子寄宿读书，无疑又增加了家庭的生活成本。现有研究已经表明，寄宿生家庭属于中低收入的比例较大。研究发现，无论是县镇还是农村，寄宿家庭的年收入均低于全样本家庭，而且农村寄宿家庭的年教育支出占年生活开支比例高出农村全样本家庭❶。一些农村贫困家庭在面临物价上涨等社会风险的时候，往往为应付生存的压力，采取让子女辍学的方式，让子女辍学参加工作以弥补家庭生存的经济压力。

二、农村学生家长的教育素养、养育观念仍然落后

家长自身的教育素质和教育观念直接影响着家庭功能的发挥，对子女素质的影响力是十分巨大的。通过 2010 年第六次全国人口普查数据可以发现，乡村人口的受教育程度明显低于城区和镇区（见表 2）。进一步地，根据表 3 可以发现在已完成教育人群的人口中，乡村人口的受教育程度明显低于城区和镇区，在乡村接受过大学专科及以上高等教育的仅占到 1.63%，而城市为 21.68%，是农村的 13.30 倍。周世军等根据 2013 年中国综合社会调查数据（CGSS）实证研究发现：父母学历越高，子女受教育水平一般呈现越高的趋势，"因男主外女主内"，子女教育主要受母亲学历影响较大❷。所以，家庭教育受女性影响更大，如表 4 所示，可以发现在高学历层次上城市女性人口与乡村女性人口受教育程度的差距更大，接受过大学专科及以上高等教育的仅占到 1.37%，而城市为 20.16%，是农村的 14.7 倍。

---

❶ 唐一鹏，胡咏梅. "新机制"实施以来我国农村地区家庭义务教育负担研究[J]. 基础教育，2014（2）：47-63.

❷ 周世军，李清瑶，崔立志. 父母学历与子女教育——基于 CGSS 微观数据的实证考察[J]. 教育与经济，2018（3）：46-53，74.

表 2　全国 6 岁及以上人口受教育程度

	未上过学	小学	初中	高中	大学专科	大学本科	研究生
城市	2.09%	15.95%	36.08%	24.37%	11.39%	9.13%	0.98%
镇区	3.99%	25.68%	42.53%	18.46%	6.21%	3.02%	0.10%
乡村	7.25%	38.06%	44.91%	7.73%	1.54%	0.50%	0.02%

资料来源：根据 2010 年第六次全国人口普查数据整理。

表 3　全国 6 岁及以上已完成教育人口❶受教育程度

	小学	初中	高中	大学专科	大学本科	研究生
城市	13.42%	39.98%	24.93%	12.22%	8.52%	0.94%
镇区	23.97%	49.23%	16.69%	6.98%	3.04%	0.09%
乡村	38.67%	52.28%	7.41%	1.30%	0.32%	0.01%

资料来源：根据 2010 年第六次全国人口普查数据整理。

表 4　全国 6 岁及以上已完成教育女性人口受教育程度

	小学	初中	高中	大学专科	大学本科	研究生
城市	15.88%	39.73%	24.23%	11.76%	7.63%	0.77%
镇区	28.11%	48.51%	14.58%	6.20%	2.54%	0.07%
乡村	44.11%	49.07%	5.45%	1.09%	0.27%	0.01%

资料来源：根据 2010 年第六次全国人口普查数据整理。

64

家长学历素质教育水平很大程度上影响着对子女的教育观念，更与家庭教育的效果息息相关。相对城市，农村，尤其是偏远山区的学生家长的学历素质教育普遍不高，导致一方面，家长没有树立正确的教育观念，教育意识不强，没有意识到自己对子女的教育责任、义务，对家庭教育缺乏必要的认识，认为教育只是学校的事情，甚至将孩子寄宿到学校后，父母在孩子教育与社会化过程的缺位进一步获得制度化强化，往往置子女的要求和情感于不顾，相当于主动放弃自己监护和教育子女的责任。

❶ 已完成教育人口指，去除数据中在校生，仅保留毕业、肄业、辍学和其他人口。

另一方面，众多农村孩子家长意识较强，更可能会采取粗暴的家庭教育方式，比如"非打即骂"，不但教育目的难以达到，长期采取粗暴式教育还会使孩子产生自卑、暴躁、逆反等不健康的心理情绪，或者家长在无意识中对孩子进行了错误的教育和导向。这些都对孩子健康成长及正确道德观念形成、良好的个性心理品质培养十分不利。因此提高农村学生家长素质是一项十分紧迫的任务，也是长期任务。只有学校教师积极主动地承担起指导家长、教育家长和帮助家长提高素质的重任，才能形成学校和家庭的教育合力，共同提高学生的整体素质。

三、城乡学校发展不均衡，寄宿制学校教育资源短缺

2011 年，我国全面普及了城乡九年免费义务教育，从根本上解决了适龄儿童"有学上"的问题，但是"区域之间、城乡之间、学校之间办学水平和教育质量还存在明显差距，人民群众不断增长的高质量教育需求与供给不足的矛盾依然突出"。城乡学校发展不平衡主要体现在教育经费、办学条件和师资力量三个方面。

经费投入不足一直是制约农村义务教育发展的突出问题。1985 年，国家制定了"地方负责，分级管理"的制度，农村义务教育的"义务"主要转嫁给了农民，乡镇财政普遍成为"教育财政"。2001 年 6 月，国务院《关于基础教育改革与发展的决定》提出，农村义务教育实行"分级管理、以县为主"的新体制，确定了县级政府负有确保农村义务教育经费的责任。新体制虽然基本实现了保障教师工资、保障学校日常运转的目标，但是涉及教育事业发展所需资金，县级政府则普遍心有余而力不足。近几年来，我国教育经费呈现出迅猛增长的趋势，国家财政性教育经费也在不断增加，且新增教育经费主要用于农村义务教育，国家在总量上加大了对农村义务教育的投入，但是从生均预算内教育经费、生均预算内事业费和生均预算内公用经费等几个方面可以看出城乡之间的差异还是较为明显的。

2019 年政府工作报告指出，要发展更加公平、更有质量的教育，推进城乡义务教育一体化发展，加快改善乡村学校办学条件，国家财政性教育经费占国内生产总值比例将继续保持在 4%以上，中央财政教育支出安排超过 1 万亿元，如表 5 所示，国家在总量上加大了对农村义务教育的投入，生均预算内事业费和生均预算内公用经费可以看出农村较全国水平还是有差距的，且差距呈增大趋势。

65

表5　2013—2017 年全国小学阶段预算内教育经费生均支出情况（元）

	生均预算内教育事业费			生均预算内公用经费		
	全国 普通小学	农村 普通小学	全国与 农村差值	全国 普通小学	农村 普通小学	全国与 农村差值
2017	10199.12	9768.57	430.55	2732.07	2495.84	236.23
2016	9557.89	9246	311.89	2610.8	2402.18	208.62
2015	8838.44	8576.75	261.69	2434.26	2245.3	188.96
2014	7681.02	7403.91	277.11	2241.83	2102.09	139.74
2013	6901.77	6854.96	46.81	2068.47	1973.53	94.94

资料来源：根据 2013—2017 年《全国教育经费执行情况统计公告》相关数据整理。

　　城乡生均教育经费投入上的差异，在一定程度上决定了城乡基础教育办学条件的差异。如表 6 所示，2017 年农村小学的生均固定资产、校舍面积均高于城区，城乡生均图书拥有量分别为 22.51 本和 24.57 本，农村生均拥有图书量多于城市约 2 本，人均计算机数和图书数已经不存在城乡差异。但就其他指标来看，仍然存在着较大的差距。就生均危房面积来看，2017 年城区仅 0.03 平方米，但乡村达到 0.12 平方米，根据《2017 年教育统计数据》显示，农村校舍危房面积占全国小学危房总面积数的 57.94%，这表明农村小学的校舍安全问题比城市严重得多。虽然人均固定资产总值乡村高于城区，但是教学仪器设备资产值乡村却低于城区较多，可能是乡村学校固定资产多在于校舍，乡村学校因寄宿制建设人均校舍面积远高于城区。在人均运动场地方面，农村学校远高于城区学校，但是达标率却低于城区学校。同时，人均体育馆面积乡村显著低于城区，城区小学人均体育馆面积是乡村小学的 6.67 倍，体育馆是学校的重要设施，可以为学生的活动、体能训练、比赛提供一个高质量的场所，使学生充分享受安全快乐的运动，避免极端天气对学生的体育锻炼和健康产生的影响。所以，农村学校在满足学生体育运动设置基本需求的前提下，质量方面是有待提升的。

　　此外，在体育器械配备、音乐器械配备、美术器械配备、教学自然实验仪器、建立校园网、接入互联网等各种教学条件的学校达标率方面，城乡差距仍然较大（见表 7），虽然，义务教育学校建立校园网比例继续提高，但城乡差距尤为明显，这说明农村学校信息化配置水平还待持续提高，信息技术和教育教学的深度融合需要逐步加强。

表6　2017年各区域小学生均办学条件对比

	固定资产总值（万元）	教学仪器设备资产值（万元）	图书（册）	计算机数（台）	校舍面积（m²）	危房（m²）	体育馆（m²）	运动场地面积（m²）
城区	1.02	0.17	22.51	0.13	6.11	0.03	0.20	4.64
镇区	0.89	0.12	21.45	0.11	6.70	0.04	0.07	6.30
乡村	1.15	0.13	24.57	0.14	10.13	0.12	0.03	11.77

资料来源：根据《2017年教育统计数据》整理。

表7　2017年各区域小学办学条件达标率对比（%）

	体育运动场（馆）面积达标校数	体育器械配备面积达标校数	音乐器械配备面积达标校数	美术器械配备面积达标校数	教学自然实验仪器面积达标校数	建立校园网校数	接入互联网校数
城区	86.03	94.17	94.03	93.83	93.33	82.64	98.12
镇区	86.54	92.31	92.06	91.85	91.91	69.69	98.19
乡村	83.61	87.75	87.22	87.05	87.44	56.81	94.84

资料来源：根据《2017年教育统计数据》整理。

全国小学高级学历教师比例继续提升，农村小学提高幅度快于城市，城乡差距逐步缩小，全国小学中级及以上职称教师比例逐年下降，但是城乡差距缩小明显（如表8所示）。

但是城乡教师的差距更多地表现在师资水平和教师素质方面（如表9所示）。本科生、研究生学历教师的城乡差异明显，小学高级职称差异巨大，这凸显了师资队伍素质的城乡差异。更令人担心的是，农村现有优秀教师出于种种原因还在源源不断地流向城市，农村优秀教师的流失进一步拉大了城乡教育的差距。为了提高农村教师的素质和数量，国家已经出台了不少举措。如实施"农村教师素质提升工程"和"农村义务教育阶段学校教师特设岗位计划"等。尽管在一定程度上提升了现有农村教师的素质，但难以从根本上改善城乡教师素质、水平不均衡的状况。

表8　2013—2017年小学教师队伍学历及职称情况（%）

	2013		2014		2015		2016		2017	
	大专及以上	中级及以上	大专及以上	中级及以上	大专及以上	中级及以上	大专及以上	中级及以上	大专及以上	中级及以上
全国	87.30	54.30	89.80	53.90	91.90	53.20	93.70	52.60	95.30	50.20
农村	76.30	49.60	80.60	49.80	89.70	49.90	91.80	50.10	93.80	49.60
全国与农村差值	11.00	4.70	9.20	4.10	2.20	3.30	1.90	2.50	1.50	0.60

资料来源：根据2013—2017年《中国教育概况》相关数据整理。

表9　2016年小学专任教师高学历、高专业技术职务（%）

	研究生	本科毕业	小学高级
城区	2.28	68.87	47.18
镇区	0.40	51.94	47.80
乡村	0.28	42.23	4.41

资料来源：根据《中国教育统计年鉴2017》整理。

目前农村寄宿制学校教育资源短缺，存在的突出问题是不达标问题。硬件配备上，学校基础设施不完善，基本的宿舍、食堂、诊所、洗浴、体育设施、课外活动场地等生活设施不健全或条件差；就师资配备来说，寄宿学校生活教师和心理教师配备不足或教师素质不达标准，往往由任课教师兼职或村民代理，然而在新形势下的寄宿制学校中，这两类教师的重要性是不容忽视的。

教育质量是学校存在的基础。目前，从全国来看，农村学校的教育质量普遍低于县镇，更不能与城市相比。教育质量不高，不仅会影响到学生受教育的水平，影响到教育资源的使用效率，引发大量的学生流失或辍学，还有违教育公平，与城乡教育均衡发展的思想相背离。

四、寄宿制学校与学生家庭合作育人方面还有待改善

最完备的社会教育是学校与家庭教育的结合[1]，儿童的协调发展要求学校教育和家庭教育互相补充[2]。通过家校合作学校更加积极科学地付出，可以弥补寄宿生家庭教育的供给不足，弥补农村隔代教育出现的问题。但是因为家庭和学校双方的原因，寄宿制学校的家校合作仍然停留在初级阶段。

从家庭视角来看，家庭社会经济地位对子女教育的影响已经被广泛证实。处于家庭社会经济地位低的家庭，家长多从事有严格时间规定的工厂工作，工作时间和家庭生活明显分割，这也促使家长形成学校与家庭相分离的认识，认为读书、教育是学校的事情；而处于家庭社会经济地位高的家庭，家长的工作可能时刻发生，办公地点不限于办公室，所以促使家长形成教育不只在学校，而是随时随地都在发生的认识。时间弹性方面，家庭社会经济地位低的家庭，家长从事的工厂工作时间严格，且与学校授课时间相重合，请假成本相对高，所以参与学校活动困难；相反，处于家庭社会经济地位高的家庭，其家长时间弹性大，较能够自主安排时间参与学校活动。

从学校视角来看，学校、教师的各项因素都会对家长参与产生影响。总的来看，学校在家校合作中角色没有向服务者转变，仍停留在指导者、教育者的角色中。学校层面，一是学校规模的阻碍。撤点并校建设的寄宿制学校片面追求学校的规模效应带来学校硬件和师资力量的变化，造成寄宿制学校规模大[3][4]，从而加重了学校管理的难度和教师的工作，致使学校忙于应付寄宿生的管理难题，而缺少精力关注家校合作以及家长资源的发掘；而对于有意愿参与学校决策的家长，面对因规模大而更强势的学习显得力量薄弱，而无力影响学校和班级事务。二是学校家校合作制度自身的阻碍，家校合作的话语权把握在校长和教师手中，教师处于绝对支配地位，缺少家校双向互动。首先，制度职责不清，

---

[1] 苏霍姆林斯基. 帕夫雷什中学[M]. 赵玮，等，译. 北京：教育科学出版社，1983：7.

[2] 国际21世纪教育委员会. 教育——财富蕴藏其中[M]. 北京：教育科学出版社，1996：96.

[3] 谢治菊. 教育均衡视域下农村寄宿制学校建设探析——基于访谈记录的分析[J]. 教育财会研究，2013，24（04）：50−55+64.

[4] 王景. 农村中小学布局调整中寄宿制学校建设的思考[J]. 教育理论与实践，2016，36（25）：29−33.

参与途径不畅通，合作内容不丰富，搞活动、做形式还占很大比例❶，尤其是没有关注到活动的可及性，默认家长可以方便参与，致使寄宿生家长被既有制度排除在外；其次，缺乏独立的家校合作机构，虽然学校都成立了家长委员会，但大部分家长委员会仅起到辅助学校工作的作用，甚至"装饰"作用。三是学校没有对家长情况加以区分，没有注意到处于社会经济地位低的家庭的参与意愿和需求，功利性鼓励能给学校教育教学带来更多资源的社会经济地位高的家长参与；四是留守儿童是寄宿制学校最主要的学生组成部分，学校志愿者项目，如家长到校做志愿者，不利于留守儿童家庭的家长参与。五是家长会是我国家校合作最基本的形式，但是家长会往往成为学生成绩的通报大会，教师始终处在训导者的地位，学生家长只能恭敬地记住教师对学生的评价及对家长的要求，呈现一种单向的信息发布，缺少家长与教师对学生教育、学校管理的探讨和交流。并且家长会要求学生父母参加，过度否认了祖辈家庭教育的应有价值，从而伤害了家长参与的积极性。

教师层面，教师的意愿对于家长的家校合作参与有着重要影响。农村寄宿制学校的现状是，学生家长多处于低社会阶层，学历低，从事的多为体力劳动工作，缺乏参与学校教育教学的自信和能力，所以更会将教师视为权威的专业人士，更加会对教师的教育要求言听计从，因此教师对家校合作的行为和意愿会直接影响到家长的参与❷。现实情况是，有很大一部分学校管理者和教师抱有农村寄宿生的家长受教育水平低、素质不高的偏见，认为家校合作中家长参与太多会拖累学校决策，影响学校正常教学活动的开展。所以，教师层面如果没有对家长作用的足够重视，学校缺少家长的理解和支持，就会影响家校之间合作的开展。学校不能传授家长现代教育理念，提升家庭教育水平；学校也不能听到家长的建设性意见，提升寄宿制学校建设的新思路，最终不利于学校教育目标的实现。

---

❶ 吴重涵. 制度化家校合作与儿童成长的相关性研究[J]. 教育科学研究，2018，283（10）：94-98.

❷ 吴重涵，张俊，王梅雾. 是什么阻碍了家长对子女教育的参与——阶层差异、学校选择性抑制与家长参与[J]. 教育研究，2017（1）：85-94.

第七章　家庭功能视角下农村低龄寄宿儿童生存境遇的改善策略

农村寄宿制学校承担着学生生活和学习的双重责任，融学校教育功能、家庭教育功能、家庭抚养功能和情感关怀功能于一体。学校在肩负低龄寄宿儿童教育责任的同时，还要承担学生生活的诸多责任。但从另一角度也应看到，学校通过寄宿制教育可以获得更多影响孩子的机会，时空的转移也有利于弥补农村家庭原有功能的缺失。

在家庭抚养方面。农村家庭由于缺乏营养意识且监管不力，容易使孩子形成不健康的饮食习惯和无规律的生活习惯，在孩子抚养方面表现得不理想。而寄宿制学校能够凭借相对充足的人力、物力、财力和科学系统的设计，按照孩子身体发育的规律科学设置膳食结构，确保学生身体正常发育。同时，学校严格的规章制度有利于孩子形成良好的生活习惯，为未来的发展打好基础。

在家庭教育方面。农村家庭普遍存在父母文化程度偏低，观念相对落后的情况，在孩子的家庭教育方面有着先天的弱势，而寄宿制学校在弥补农村家庭教育不足方面有着先天的优势。低龄儿童住校可节约家校往返的时间，保障了学生的学习时间和精力；教师的督促指导，保障了学生的学习质量，对学习成绩的提高具有促进作用。寄宿制学校在提高学生综合素质，弥补家庭社会化功能的缺失方面也有优势，通过整合学校的各项教育资源，可以为农村学生良好行为习惯的养成，优秀品质的塑造提供保障。

在家庭情感关怀方面。对于低龄寄宿儿童来说，学校里有一起游戏的伙伴，有照顾他们生活起居的生活教师，有辅导他们学业的任课教师，而良好的同伴关系、师生关系，有利于弥补学生缺失的家庭情感关怀。并且，通过构建家校共育体系，构建"权威型"父母的形象，更有利于亲子关系的发展。

一、提高农村低龄寄宿儿童生活品质

1. 寄宿生学校生活环境改善策略

校园不仅为寄宿生提供生活、学习的场所，也在通过建筑设计、校园规划、文化建设等方式潜移默化地影响儿童的认知与行为。在现代寄宿制学校的建筑设计方面，缺少"儿童中心"的视角，缺乏对儿童情感的关注。为让寄宿生在心理上接受学校、悦纳寄宿生活，健康快乐地成长，寄宿制学校的建设应试图打破标准化的学校建筑的冰冷、监视与规训的味道，减轻儿童的压力感，为寄宿生提供温暖、安全、探索、创造的学校环境。

（1）寄宿制学校校园建设规划

赋予学校儿童元素。首先，标准化寄宿制学校设计理念上要理解、尊重儿童，符合儿童审美喜好、引导儿童审美发展。在建筑物设计上以柔和的线条为主，少一些固定不可变的物件，多一些灵活移动的、舒适自然的物件；外墙内饰色彩多一些暖色调，让冰冷的建筑变得有温度，给学生足够的安全感。其次，关注儿童的兴趣，低龄寄宿生因年龄小，对游戏充满向往，可在校园内设计安全的游戏活动场地，设置玄关和阶梯式任务等，通过游戏帮助儿童相互交往，开发儿童的好奇心与探索精神；满足儿童情绪需要，设计满足儿童情绪低落时的独立空间、朋友间说悄悄话的私密空间、群体合作的共享空间。最后，为了学校日后的发展，学校建筑设计之初应留一些空白，或设置一些可以进行更改和调整的板块，以不断适应学校最新的发展方向❶。

赋予学校当地文化元素。寄宿制学校的校内雕塑、布景、文化建设应有选择地吸取当地特色的传统文化元素、历史名人、红色故事，注重对农村寄宿生的乡土教育，开设乡土课程、乡土实践，开展以本地区的地理、历史、文化和民族等情况为内容的教育和活动，培养学生热爱家乡的情感，进行爱国主义教育。

赋予学校大自然元素。农村寄宿生居住在校，缺少了与田野、自然相处的机会。在寄宿制学校内增加四季花草，当地适宜的树木、灌木，同时开设自然科学的校本课程，让寄宿生在校内感受四季，探索自然奥秘，体验自然韵律，

---

❶ 王莹. 儿童"失乐园"——标准化学校建筑对童年的放逐及寻回[J]. 教育科学研究，2018（4）：31−35.

将爱护环境，与自然和谐相处的意识从小根植于心。同时，可以在校园内发展绿色有机蔬菜的种植，既可以满足食堂所需，降低成本，又为农村寄宿生开展农业教育提供了场景。

（2）寄宿制学校宿舍规划

宿舍成为学生课堂教育与非课堂教育的衔接，也是促进学生全面发展的教育资源。宿舍良好的设施条件和文化氛围的建设对宿舍成员起到熏陶、教育、指引和融入的作用，首要的理念就是，提高宿舍的安全性、私密性。注意尊重儿童隐私空间，保障儿童身心安全，排解对陌生环境的紧张忧虑情绪，增强安全感；宿舍使用的所有材料保证环保无污染；合理规划室内空间，保证床铺间隔，使室内行走路线保持畅通；对学生宿舍设施及时清洁、修缮，在确保学生安全的情况下做到健全和实用。尤其要注重低龄寄宿生的资源投入。

空间划分：宿舍内部多为内廊式的空间布局，走廊狭长，儿童空间体验感差，对旧建筑充分利用其建筑结构，对不适合做宿舍的要谨慎考虑，可将空间划分为三部分，居住空间、活动空间、辅助空间，用不同颜色的内饰加以区别。居住空间要保证整洁舒适，做好采光、通风、保暖，将采光不好出现"暗"与"黑"空间的宿舍用作他用；按照床位数量设置储物柜，保证每名寄宿生有一个储物柜，尊重其隐私，储物柜设计要灵活运用室内富余空间，可与室内床位等进行整体设计。活动空间作为寄宿生游戏、交往的场所，要增强宿舍的互动性与娱乐性，满足儿童活泼好动、充满想象创造力的心理特点，增加趣味性的道具，让儿童感觉是自己在创造环境。辅助空间为保障性用房，包括卫生间、淋浴间，必须满足寄宿生正常起居对洗漱空间的要求，以保障学生高峰期的使用。

空间设计：首先，寄宿生宿舍室内颜色以暖色调为主，空间充满生机与活力。其次，考虑到低龄寄宿生年龄偏小，做到亲情化的设计，如储物柜设计要取用方便，床头设置小灯以方便寄宿生夜间上厕所，桌子使用了半圆弧形，既最大化地利用了空间，也起到了对儿童的保护作用。

家文化建设：要发挥宿舍育人作用，构建以宿舍为中心、以高素质的生活指导教师为主体的寄宿生活管理体系，形成以宿舍为"家"的理念。首先，家的概念充满着包容、理解的含义，宿舍生活教师要在学校规章制度下，与寄宿生保持和谐、亲密的关系，这是营造宿舍文化的基础。其次，生活老师和班主任密切联系，互相通报寄宿生的学习、生活、心理情况，生活老师可以在宿舍中配合班主任的要求为寄宿生进行默写和温书；定期召开教师联席工作会议，班级与宿舍的负责教师可在会上提出相关事项供大家讨论，使班级和宿舍之间保持良好的沟通。最后，多以宿舍为单位，组织多样的非竞赛类的集体活动，加强宿舍内部凝聚力，促进宿舍"小家庭"文化的形成，如手工活动、联欢表演活动等，每月为寄宿生组织集体生日会，促进"大家庭"文化的形成，从而发展彼此关怀、有助于学习、具有共同感的环境。

（3）寄宿制学校教师行动策略

寄宿制学校教师要提升综合能力，学校尤其要加强教师针对儿童的技能实践型课程的组织学习，如班主任工作、宿舍管理、小学生心理健康教育、小学生行为与观察、教师礼仪、日常相关活动的设计与实施等课程的学习，不仅采用理论学习，更应该结合案例、研讨进行教学。

教师在日常的教育活动，需要弥补寄宿生父母之爱的缺失。教师不应该仅关注到学生的缺点或优点，给予纠正或奖赏，寄宿制学校教师也要对学生保持共情性的理解，学会爱学生，以师爱弥补父母之爱，像父母一般倾注更多的关注在寄宿生身上。教师要关注寄宿生脆弱之处，给予特别呵护和包涵；关注寄宿生优良品质，给予加强和巩固；关注寄宿生独特之处，予以特别的注意和关心；关注寄宿生学生不愿意向他人展示或公开的信息，给予特别保留的空间；关注寄宿生受伤的地方，加以修复和弥补。父母之爱与师爱，尽管有差异，但作为人类之爱，都倾注着长辈对晚辈快乐和幸福生活的期盼。

宿舍生活教师应该更多地承担家长职责。生活教师应创新方法，通过以宿舍为单位开展活动的方式，教育学生互相团结、相互帮助，并培养高年级学生照顾低年级学生的友爱行为，塑造起团结友爱的宿舍"家"文化，形成以宿舍为载体的团结集体。生活教师要代替家庭承担监护和看管未成年人的职能，要给予他们父母般的关怀与爱，从而使他们得到安全感和归属感。生活教师既要照顾儿童，也要监督和处理学生的越轨行为及突发事件，并对低龄寄宿儿童的学习、生活和成长中出现的种种冲突和不适应，寻找相应的策略和措施，以保证学生身心的健康成长和知识技能的顺利学习。生活老师应该注意学生生活教育指导，使其生活能力的养成更加系统和科学，通过宿舍培养学生适应集体生活的能力，学会团结协作，处理好人际关系，形成良好的生活习惯。

寄宿制学校教师责任标准容易出现泛道德化倾向，在培育儿童中的责任被放大超出责任边界，使教师负担过重、疲于应对，阻碍教学研究，甚至超过限度，导致教师放弃承担责任。所以需要建立合理的寄宿制学校教师责任指标评价体系，厘清班主任、任课教师、生活教师等各类教职工的责任，其所肩负的责任将是明确而具体、合理而有效的❶。

2. 寄宿生食堂营养配餐改善计划

低龄寄宿儿童进入寄宿生活，远离家庭的膳食照顾，家庭将抚养的责任部分转移给了寄宿制学校，孩子成长发育所需营养主要由学校提供，学校有义务保证学生的合理营养结构，保障学生身体的正常发育。学校要培养起学生良好的饮食习惯，做到吃早餐，按时就餐，不挑食、偏食，尽量不吃零食。

2016年发布的《国务院关于统筹推进县域内城乡义务教育一体化改革发展的若干意见》，提出深入实施农村义务教育学生营养改善计划，提高营养膳食质量，改善学生营养状况。让广大贫困地区学生吃得安全，吃得营养健康。

（1）建立学校相关负责人陪餐制

建立陪餐制有利于校领导及时发现和解决集中用餐过程中存在的问题。把学校与学生直接联结成一个共同体，将心比心呵护每一个学生，筑牢学生和家长对于学校的信任。让寄宿生能够吃得安心、放心，也对学校多了些亲切和信任。

（2）提升学校健康营养教育水平

地方政府可以聘请专职或兼职营养师，定期对所辖区域内寄宿学校的用餐进行指导，并且定期对学生开展营养健康与饮食安全卫生的培训，提高学生的健康意识；加强员工培训，提高员工的食材加工水平，确保三餐不仅具有营养价值，色、香、味也要符合要求，提高营养餐的可口度。

（3）多种方法合理搭配三餐膳食结构

科学合理、营养均衡的早餐应该是既有蛋白质、脂肪，又有碳水化合物、维生素的食物。学校早餐应增加奶类、豆类、新鲜蔬菜的供应。根据中国居民平衡膳食宝塔，午餐和晚餐分别占全天能量和食物量的40%和30%，午餐、晚餐大多数提供主食、蔬菜、肉。午餐是一天中的主餐，而且学生的文体活动也

75

---

❶ 李斌辉. 教师能否"为了学生的一切"——对教师责任扩大化的一种反思[J]. 教育发展研究，2010，30（12）：35-40.

多安排在下午，所以学校食堂既要保证午餐供餐的数量还要保证午餐供餐食物的质量；晚上虽临近睡眠，胃肠的消化功能相应减弱，但是学生在晚饭后仍需学习，所以晚餐也不能忽视。

蛋白质是生长发育的物质基础，主要由肉类、蛋类、豆类和奶类等食物提供，受经济条件限制，农村寄宿制学校食堂可以适当增加豆类食品的供给，豆类食品经济实惠且含优质蛋白质多，可以弥补因动物性食物摄入量少而引起的蛋白质摄入不足。注意学生水果的供给，水果含有大量的矿物质、维生素和膳食纤维，可通过学校校园内种植果树，部分满足学生的水果需求。有研究表明学校层面给学生补充微量营养素（每天服用一片 21 金维他多维元素片），每生每天只需要不到 0.3 元，仅为国家补贴经费标准的十分之一，但可以很好解决学生因缺乏水果供给而微量营养素缺失导致的营养不良问题，从而显著提高农村义务教育学生营养改善计划的实施效果。

（4）尝试建立多校联合中心食堂

由于县级财政普遍比较困难，难以满足食堂提升质量的要求，对于距离较近、交通方便的相邻学校，可以尝试在某校建立联合中心食堂。集中资源优势，提升食堂工作人员的工资水平，以便更大程度地招聘到文化素质较高的工作人员参与饮食健康工作；有计划、有步骤地解决重要设备不足的问题，如冷藏设备、消毒设备、蒸饭设备等。建成后，由联合中心食堂为周围的寄宿学校统一配送饭菜，以节约食堂建设成本，提升用餐质量。

二、改善农村低龄寄宿儿童学习环境

1. 促进学校教师资源均衡，加强学校师资队伍建设

教师是一所学校发展的核心因素，教师素质直接关系到一所学校的教育质量。首先，教育主管部门应在教师编制和生活教师人员配置方面，全面合理地予以考虑，适当增加寄宿制学校教师尤其是生活教师等后勤人员编制，根据寄宿制学校的特殊性制定寄宿制学校的教师编制政策，解决生活教师的编制问题，以适应寄宿制学校的工作需求。其次，教育部门要提高农村寄宿制学校教师待遇，以提高教师组织学生课余活动的积极性，建立面向学生课后管理的农村寄宿制学校教师培训体系，以提高学生课余活动的质量。最后，任课教师不仅要不断提高自身教育教学水平，更应学习更多的心理健康教育辅导方面有关理论

知识和实际操作技巧，给低龄学生以亲人般的关爱，并在教学的同时注意引导低龄学生，帮助其树立高尚的思想道德情操。生活教师必须经由专门的培训和考核方可进入工作岗位，不仅要照顾好学生的生活起居，也要担负起对学生的教育责任，同时要充分利用与学生相处时间较长的优势及时了解学生困难，加强对学生的心理干预。

2. 科学分配学习与课余生活，健全人格加深友谊

丰富多彩的课余生活是学龄儿童生活的重要组成部分。学生寄宿在学校，之前在家自行开展的课余活动，现在从空间上转移到学校。但是，目前农村寄宿制学校儿童课余生活在空间上受到封闭管理的制约，在时间上受到教学的挤压，在内容上受制于活动设施的缺乏，课余生活受限，扭曲了学生的童年生活。学校要完善管理制度，围绕儿童生活科学地分配学习时间，保证学生课余活动的完整性。在学生作息制度方面，要适当压缩自习时间，处理好寄宿生学习与生活间的关系。在课余活动内容方面，学校要结合自己的特色和传统，积极努力创造条件丰富学生的活动内容，同时学校还要考虑学生个性特征，给学生一定的自由支配的时间安排自己喜欢的活动，为学生提供自主发展空间。

学习与课余生活都是学生成长的必要过程，寄宿制学校通过组织学生开展丰富多彩的课外活动，健全学生人格，陶冶学生情操，进而可以缩小学生因家庭经济和文化等背景不同而导致的差异。同时，教师在组织教学活动和课余活动时，要注意尽量采取合作的形式，这样有助于为学生们提供相互沟通和相互帮助的机会，有助于低龄寄宿儿童开始具备理解他人情感的能力，通过与他人合作也更容易感受到其他人对自己的喜爱和关怀，进而形成良好的同伴关系和稳固的友谊。在合作活动中也会促使学生发现各自优点，加强学生的自尊和自我接受。

3. 寄宿生养成教育计划

朱永新教授发起的"新教育实验"自 2000 年开展，2013 年正式提出了新教育的十大行动，其中"每月一事"，对良好习惯的养成开展了积极的探索。结合"每月一事"的工作机制与操作方法以及寄宿制学校实际，形成具体的养成教育机制。习惯养成必须与学校教学中的各种课程融合，以各类实践活动作为依托，才能融入学校生活的方方面面。

一是建立顶层设计，做好家校融合、课程融合。建立"养成教育"工作小组，由校长任组长，德育校长和教学校长任副组长，德育处负责人、教务处负责人、各班班主任、生活老师为小组成员，工作办公室设在德育处。以养成教育贯穿学科教学、课余活动、寄宿生校内生活场景，与学校教学中的各种课程融合，以各类实践活动作为依托，融入寄宿制学校生活的方方面面。由工作小组牵头做好学校全年"养成教育"总体工作方案和养成教育督导评价机制，上月底将下月的养成主题活动方案下发到班主任、生活教师处，并根据寄宿生的实际在校时长增加方案的行动内容，班主任协同科任教师把每月养成主题有机渗透到各学科中，班主任协同生活教师按照寄宿生的具体情况，依照每月主题开展活动，并通过家校合作平台，将每月主题传递给家长，要求家长关注学生养成教育，并在学生返家后配合学校养成教育计划的实施。通过校内多部门的有效联合、家校互动，形成主题明确，内容丰富，可操作性强的养成教育体系。

二是明确要求，鼓励创新。在学校层面上，养成教育活动要结合学校自身实际情况、育人目标，紧扣时代脉搏，抓住重要时间节点，以立德树人为核心，以提升学生人文底蕴、科学精神、学会学习、健康生活、责任担当、实践创新六大素养为目标，做好德育、体育、美育、劳动教育，特别关注环保、公益、审美、勤劳、节俭、感恩等中华优良传统和时代精神相结合的主题。班级层面、宿舍层面具体实施时，要因班而异、因人而异，班级教学中重视阅读活动的开展，以阅读为载体，通过读经典、读原著，在系统阅读、大量阅读、深层次阅读中开展养成教育。在寄宿生宿舍的生活教育中，注重以实践为载体，在实践中加强养成教育，同时提升动手能力和解决实际问题能力。

三是适龄培养，循序渐进。养成教育是由"外化"到"内化"的过程，需要教师对学校进行外在教育，学生将接受到的教育内容内化到自己的思想和行动上，因此养成教育需要发挥榜样的示范带头作用，做到不断反复，循序渐进，将儿童出现的"问题行为"视为儿童成长过程中的正常现象，师生间平等对话，以反思引导儿童为主。低龄寄宿生主要以生活自理能力和初步同伴交往能力方面的习惯养成为主，其他适龄学生以初步的阅读学习能力和初步的社会交往能力以及自我提高能力方面的习惯养成为主。

四是重视言传身教，关注低龄寄宿生。教师要注重言传身教，保持良好的习惯，礼貌的言行，以身作则。特别针对低龄寄宿生，在宿舍生活上，生活过程中，潜移默化地帮助，要从细微处着手，耐心讲解、引导，与低龄寄宿生多接触，融入其生活，协助低龄寄宿生整理内务。以宽容的心对待低龄学生，用恰当的方式进行纠正，与低龄学生建立起自然的亲近感，拉近师生距离，这也是对低龄寄宿生的亲情补偿。

三、关注农村低龄寄宿儿童心理状态

1. 引进驻校社工，助力寄宿儿童成长

2016 年发布的《国务院关于统筹推进县域内城乡义务教育一体化改革发展的若干意见》明确提出："重点提高乡镇寄宿制学校管理服务水平，通过政府购买服务等方式为乡镇寄宿制学校提供工勤和教学辅助服务。""通过政府购买服务、税收激励等引导和鼓励社会力量支持义务教育发展。"驻校社工便是购买社会力量的专业服务的体现，"驻校社工"即进驻到学校进行社会工作的专业工作者，这将有助于缓解寄宿制学校教职工配备缺失的问题，并将促进寄宿制学校管理服务水平的提高。

弥补生活教师不足，生活上陪伴儿童成长。社工坚持"以人为本"的价值理念，以儿童需求为基本出发点，最大化地贴近儿童心理，提高儿童对学校生活的满意度[1]。驻校社工与寄宿生同吃一桌饭，同住一栋宿舍楼，可以随时交流，驻校社工以平等、友爱的言行，给予寄宿生温暖，让寄宿生体会到在教师、家长那里缺少的人格魅力，构成友好协作的关系，提升学生的自尊和自信水平，从而有助于降低亲情缺失所带来的自卑、冷漠和沮丧情绪，有效缓解学校严控管理带给儿童成长的伤害。

联通家校合作，做好家访工作。驻校社工可以发挥自己的专业优势和身份优势，做好家校合作的连接，学校休假时跟随寄宿儿童回家，进行家访，通过家访向家长表明学校对儿童的重视和关怀，同时了解家庭背景材料，为家校合作打好基础，同时能更全面地了解儿童在家中表现，如生活习惯、人际关系等，以便未来有针对性地给予关心和帮助。在开学初的家访重在了解儿童的个人情况，掌握儿童家庭信息，沟通社工与家庭、儿童的情感；学期中后期的家访，重在根据儿童的在校表现采用优势视角给予鼓励和表扬，并与家长交流教育方法和教育重点，运用科学的方法和技能帮助家长和孩子正确沟通与交流，巩固

---

[1] 王海英，张强. 驻校社工"嵌入"农村寄宿制学校：问题与策略[J]. 当代教育科学，2015（22）.

家庭对小学生的支持功能，做好家校合作。

协助做好校园欺凌预防和团体心理辅导。驻校社工可以发挥自己专业优势，解决农村寄宿制学校师资紧缺的问题，承担德育、美育、体育的辅助教学任务的同时，承担起校园欺凌预防和团体心理辅导的工作，分担教师心理辅导方面的工作。通过与其他教育主体建立紧密联系来构建并维护儿童的成长支持系统，帮助学生在寄宿制学校的环境中获得良好成长。

2. 寄宿制学校校园欺凌三级预防体系

面对学生因心理障碍而出现的攻击性行为，学校要早发现、早干预，对实施欺凌者和被欺凌者均需进行指导，引导他们解决心理问题，帮助他们接纳他人、控制自我、建立良好的同伴关系。学校和教师要引导学生建立同伴支持系统，在发现校园欺凌行为时，敢于面对欺凌者，支持被欺凌者，能采取合理的方式进行调节与干预。学校要营造关怀、尊重、包容和支持的校园氛围，建立良好的师生关系；加强对操场、寝室、走廊等地方的监管，制定并有效地执行反欺凌制度以及明确清晰而又有力的惩戒措施。

WHO 专家倡导的"社会生态学理论"是迄今为止较理想的预防校园暴力的理论模式❶。干预通常分步实施：（1）全面了解青少年个体的健康危险行为（包括暴力倾向）表现；（2）利用该模式分析家庭、学校、社会等环境中的危险因素及其相互作用；（3）从公共卫生学三级预防角度出发，针对这些危险因素分别制定预防措施。干预的核心是建立学校—家庭—社区三联屏障❷。

（1）校园欺凌的初级预防

初级预防措施作用于暴力行为发生前，作用对象是全体寄宿生，目的是针对引起欺凌的危险因素，防患于未然。寄宿制学校层面首先是教育，要注重对寄宿生开展包括自我认知、道德法律教育和能力建设等，主要协助学生了解自己、认知自己，建立积极正向的自我概念和价值观；开设品德教育课程，教授"尊重、诚信、负责、感恩、自律、正直、礼貌、自信、勤奋、关怀"等内容，通过讨论、角色扮演等体验的方式，引导学生学会处理个体与个人的关系、与他人的关系、与家庭的关系、与社会的关系和与自然的关系。其次是，学校文化氛围的营造。组织开展丰富多彩的校园活动，形成良好的学校风气和氛围，

❶ WHO Informationseries on School Health. Violence Prevention: An Important Element of a Health Promoting School. Geneva: World Health Organization. 1998（WHO/HPR/HEP/98.2）.

❷ Rappaport N. School violence. J Am Acad Child Adoles Psych，2001，40（9）：992－998.

增强学生对学校的融入感，评选优秀班级、优秀学生，形成榜样导向；建立有效的防控体系，定期排查相关危险因素，在控制风险和预防暴力方面建立有效的边界；同时积极加强与周边社区的联系，建立合作取向的校园治理环境❶。

（2）校园欺凌的二级预防

二级预防措施作用于暴力风险存在期，作用对象是有被欺凌风险的寄宿生，目的是及时发现隐患和苗头，通过干预，将其遏制在萌芽状态。在寄宿制学校层面上，首先是开展风险学生的团体辅导，提高学生的社交能力、解决问题和纠纷的能力；并进一步关注其家庭关系、结构存在的问题，开展家庭辅导。其次，建立识别早期警告信号的制度。通过提早发现学生的危险行为及行为高危者，监控其暴力倾向并及时做出干预。

（3）校园欺凌的三级预防

三级预防措施作用于暴力事件发生后，力求将伤害降低到最低限度。在寄宿制学校层面上，启动危机干预。首先，针对施暴者应该采取定向的预警和惩治，对受害者实施定向的身心治疗，避免带来更大的危害。其次，有针对性的家庭治疗，通过对家庭成员的集体干预，促使家庭对暴力事件做出某些适应性改变。再次，对内进行班级引导教育，消除其他学生的恐惧反应。对外，积极联系当事人家庭，媒体，相关部门，争取各方面资源的关注，降低校园欺凌带来的危害。

（4）建立学生及家庭档案

不同类型学校存在的暴力风险和发生的暴力类型可能存在较大的差异，因此应遵循个别化原则，学校从学生入校起为每位学生建立"成长档案"。"成长档案"由学校心理老师或大队辅导员或专业社工负责跟进，以学期为节点，每年进行四次追踪。这些追踪评估点包括学业成绩、朋辈关系、家庭变化和学生情绪评价等内容，从个体、朋辈、家庭和师生等方面对学生进行全面追踪。❷

3. 寄宿儿童心理辅导策略

对于农村寄宿制学校的学生来说，所处的环境是封闭式的，由于父母不在身边，会因想家等原因而引起焦虑、孤独等消极情绪，这会使学生在生活学习、

---

❶ 赵记辉. 校园暴力系统性预防的实践与反思[J]. 教学与管理：中学版, 2018（6）：55–58.

❷ 季成叶. 预防校园暴力：一项值得高度关注的公共卫生课题[J]. 中国学校卫生, 2007（3）：193–196.

人际交往等方面表现出心理障碍。教师应注重学生情绪的调节，以寄宿生生活宿舍为基本单位，开展全员心理辅导，最大限度地减少消极情绪给学生情绪带来的不适应学校的情况。

（1）尊重儿童的心理特点，形成积极辅导

儿童内心"冰山"的渴望层，显示了儿童希望得到周围人对自己积极的反应，包括被爱、被接纳、被认可，这一层也是人类共有的。儿童往往在他人对自己的态度和评价中，产生自信、自尊或自卑的状态，甚至出现叛逆心理，做出不良行为。儿童随着年龄增长，自我实现、表达的渴望会增强，但是却面临着成人世界的权威垄断。所以在日常辅导中，一是教师要尊重和接纳每一位学生，能够叫出每个学生的名字，在言行上尊重儿童；二是对儿童教育的关注点从"矫治性"转向"发展性"，尤其是要对儿童不良行为的原有叙事重新解构，建构新的、积极和谐的叙事；三是要采用赋权增能的视角，帮助儿童看到自身优势，不把自身的特点当作缺点；四是要为学生提供表达和展示自己的机会，满足自身的渴望。

（2）采用萨提亚模式团体心理辅导，促进一致性沟通

团体辅导，是指在团体领导者的带领下，团体成员围绕某一个共同关心的问题，通过一定的活动形式与人际互动，相互启发、诱导，形成团体的共识与目标，进而改变成员的观念、态度和行为❶。辅导过程也在为儿童创造沟通的实践机会，帮助其提高沟通能力。在儿童成长时期，同伴关系是重要的人际关系，儿童因被同伴尊重而更容易提升自我价值感，所以同伴能满足儿童的自我认同需要。寄宿生室友是儿童寄宿在校天然的生活同伴，寄宿生室友共处一室，具有共同的经历、类似的价值观和情感体验，所以开展宿舍团体辅导，室友之间容易相互理解，便于建立情感上的联系，从而更容易建立起一种信任、稳定的人际互动关系，同时团体能够使儿童的不适应行为清晰地展现出来，能够显示出行为的意义和动力。儿童因年龄小，沙盘游戏是更利于其接受的心理辅导方式，可有效减轻与室友间的防御心理，营造轻松自然的氛围，沙盘可以使非言语交流和象征性意义得到充分利用，将儿童无意识的能量以可见的形式呈现在沙盘上。

儿童心理问题源自令人困扰的人际关系，辅导的目的是要帮助学生学习形

---

❶ 郝振君. 团体心理辅导在聋生心理健康教育中的运用[J]. 中国特殊教育，2005（10）：26-31.

成没有扭曲的、满意的人际关系❶。团体辅导的任务是要去除沟通过程的障碍，使儿童学会尊重自己和尊重他人，逐渐改变不良沟通姿态，从而走向一致性沟通。在团体辅导中，一是教师要设置自由互动的场所，营造没有压力的环境；二是团体内室友要自觉遵循规范要求。团体规范反映了团体期待和价值观，自觉遵循规范能够统一意见，调节行为，促进目标达成；三是教师要重视学生的需求。既要考虑自己的愿望，也要觉察学生的需求；四是要促进团体凝聚力形成。凝聚力越高，室友之间关系越和谐，沟通效能也就越高，尤其对于寄宿在校的留守儿童，团体是他们唯一能够与他人深入交流的地方，强大的团体凝聚力会使其深深地感受到团体的温暖与和谐。

（3）萨提亚模式团体辅导三阶段方案

第1阶段是基础阶段，目标是建立良好、安全的关系，提升自我价值。主要内容：可以用沙具介绍自己，同时夸赞室友的优点，并协商制定出团体规范、目标。

第2阶段是认识阶段，目标是发现自己及室友间的沟通问题。主要内容：引导学生觉察并分享"冰山理论"中的"自我"，体验对自己、他人、情境的接纳以及让感觉能够驾驭自己，从而体验到成功沟通的喜悦，以此来提升自我价值感；教师要引导个人通过沙盘雕塑沟通姿态察觉沟通问题。

第3阶段一致性沟通阶段，目标是实现一致性沟通。主要内容：指导学生用"天气报告"方法，进行说真话训练和温度读取训练，自由表达赞美和提出建议，同时发现成员之间存在的冲突，加深自我考察并努力澄清误会；探索家庭规则，各自写下至少10条宿舍规则并各自分析优缺点，体会各自习惯的差异，促进彼此了解，并最终实现家庭规则到宿舍规则的转化；重新认识室友，实现与同伴的一致性沟通。

第4阶段是团体辅导结束阶段，教师要肯定学生成长，并跟踪评估成效，并其进行完善。

四、寄宿制学校家校合作系统构建

家校合作是学校、家庭和社区共同承担子女教育责任的过程，有效的家校

---

❶ 欧文·亚隆，黑林·莱兹克兹. 团体心理治疗：理论与实践[M]. 北京：中国轻工业出版社，2010.

合作制度是迅速提高学生适应水平的重要途径。家校合作能通过家长的参与弥补家庭环境差异对儿童成长造成的影响，对弱势家庭意义重大。从家长的角度来讲，低龄学生由于寄宿在校，家庭教育缺失严重，亲子间心理距离拉大。家长要意识到家庭教育在学生成长中的重要作用，对孩子要有积极主动且得当的亲情关怀，正确认识并积极加强与老师之间的交流沟通，及时了解孩子生活学习现状和情感变化，同时还要将发现的问题反馈给学校。从学校角度来讲，学校要构建家校共育体系，指导家庭教育、家校共育工作的开展，同时让家庭参与寄宿制学校的管理、教学有利于构建保育制寄宿学校，让低龄寄宿生能够获得更优质的教育环境，从而推进教育公平。

1. 营造家校合作的价值文化氛围

家校合作首要的是营造家校合作的价值文化，并将此文化深入到教师和家长的心中，儿童成长不只取决于学校，也不只取决于家庭，而是取决于家庭与学校之间持续的、高质量的互动与合作，所以学校与家庭是伙伴关系。学校与家庭在儿童教育方面要共同秉承着权利平等、常态沟通、双向互动、合作共赢的价值理念，这样有利于营造家校合作的共育文化氛围。在此价值理念的指导下，学校构建制度、开展项目，家长理解家校合作、积极参与，有利于完善制度，防止家长单方向学校提供服务以及把家长作为免费劳动力的倾向出现。根据寄宿制学校留守儿童多的现实，充分尊重祖辈在儿童教育中的价值。学校从原来的绝对权威者逐渐转变为教育引导者。

2. 做实家校合作委员会

家校合作委员会以家委会成员为主体，包括家长、学校、社区甚至学生代表，家长代表要有代表性，包含社会经济水平不同的家庭、承担留守儿童监护职责的祖辈；委员会的定位是家校双方的协调型组织，负责安排专职教师从事家校合作的推进事项。重点关注参与不足的家庭，帮助其树立参与自信。

建立家校合作委员会制度，明确家长的知情权、参与权、建议权、决策权、监督权，以制度的形式列出权力清单；将家校合作委员会的工作列为学校重点工作内容，将家校合作按照有计划、有目标、有反馈、有评估、有保障的管理程序运行，定期对工作情况进行公布，以便各方监督。

3. 建立家校常态的双向互动机制

建立家庭参与的儿童教育支持机制。构建家长监督、教师指导、学生自我管理的教育支持机制。家长负责向学校教师报备家庭基本情况，记录寄宿生返家后，儿童的课程学习、生活习惯、思想品德、兴趣爱好方面的情况，并通过网络等媒介传递给学校班主任教师。学校教师负责填写《儿童成长记录手册（家庭部分）》，记录每一位寄宿生的家庭表现，并根据此对儿童的生活进行指导，教育寄宿生自我管理，保持优点，改正缺点。同时注意避免使家长成为教师的执行监督助手。

建立家庭参与的学校管理教学的新形式。应从满足家长需求多样化、个性化的角度入手，设计适合不同阶层、性别、年龄家长的家校合作活动，方便家庭参与的时间和地点[1]。第一，学校教师通过开家长会、家访和网络视频等多种形式密切与每户家庭的联系，并逐步地丰富沟通渠道，传递学生在学校的各方面信息。通过构建家校共育体系，改变家长"专制型""忽视型"和"溺爱型"的教养方式，以亲子的空间距离为基础，树立起"权威型"父母的形象，让家长更像低龄寄宿生心目中的"好父母"。家校共同发挥作用使学生更好地适应寄宿制生活，从而健康地成长。第二，设立专题活动日邀请家长走进课堂，走进学校实践课程，在实践以及游戏活动中与学生一起成长。活动中家长的教育主张也将成为课堂教学智慧的新来源。

尊重每个家庭平等的参与教育决策的权利。农村寄宿制学校的教育决策的制定，要尊重家长的意见和诉求，尤其是要保障社会经济地位较低家庭的代表性，鼓励家长参加学校年度总结或务虚会议，听取学校报告，以生活教育者的身份为学校教育管理建言献策。学校定期将动态通过媒体平台向家长发布，让家长有途径能够关注到学校动态，唤起更多家长的责任心，增强参与意识，逐渐建立起有效的决策咨询机制，推动寄宿制学校建设。

4. 建立家校合作的智力支持系统

设立教师家校合作教育成长计划。通过联合区域内其他学校，聘请理论和实务专家开办家校合作专题研修班的方式，提升教师家校合作的专业技能，将培训纳入学校教师考核和专业发展计划；培育本土家校合作实务人才，成立工作坊，组织区域内负责家校合作推进的教师，探讨家校合作的前沿话题；孵化实践成果，注意总结本土生动的实践经验，进行学术分享。[2]

❶ 张俊，吴重涵，王梅雾. 家长和教师参与家校合作的跨界行为研究——基于交叠影响域理论的经验模型[J]. 教育发展研究，2018（2）：78-84.

❷ 左坤，李亚娟. 家校合作：教育时空系统对话互动与联通——以南京市家校合作教育追求与实践探索为例[J]. 上海教育科研，2019（04）：49-52.

　　设立家长儿童教育成长计划。可通过线下和线上网络视频等媒介，开展家长教育成长计划。第一，向家长普及国家家庭教育、家校合作政策的政策和法规，引导家长更新教育观念。第二，通过专题学习，向家长介绍未成年人不同成长阶段的生理、心理发展特点和营养保健常识。第三，注重教师和家长在教育观念、教育规律、教育方法上的交流对话，通过案例分析促进家长主动思考教育中的难题。

附件　专题研究报告

教育均衡视角下西北农村低龄寄宿生学校适应性研究

第一节　导　　论

一、问题提出

21 世纪初期，在我国义务教育实现全面普及和免费之后，"促进教育公平发展和质量提升"成为新时期教育发展的主要任务和目标，党的十八大报告亦特别指出"提高教育质量，推动义务教育均衡发展"。确保适龄儿童更公平地享受到高质量的教育，成为新时期农村义务教育发展的重点。为了克服偏远农村学生由于学校撤并而不得不承受的上学远问题，农村寄宿制学校成为推进义务教育公平和均衡发展的重要改革措施。2013 年，全国小学寄宿人数已达到 1021万人，占小学在校生的比重为 11%，其中，农村地区寄宿生就有 977 万人，占寄宿小学生总数的 95.7%。

对于农村寄宿生的教育问题国家也开始进一步关注。2015 年 5 月教育部联合文化部、国家新闻出版广电总局发布的《关于加强新时期中小学图书馆建设与应用工作的意见》提出丰富学生课后生活，特别要为家庭贫困学生、寄宿制学校学生、农村留守儿童提供便利读书条件。❶ 2015 年 8 月教育部发布的《国家学生资助政策体系简介（2015）》提出对家庭经济困难寄宿生提供生活补助，其中，对中西部地区农村义务教育阶段家庭经济困难寄宿生生活补助标准为小学生每生每天 4 元。2014 年，全国共有 1485.93 万家庭经济困难寄宿生享受生

---

❶ 教育部，文化部：新闻出版广电总局关于加强新时期中小学图书馆建设与应用工作的意见[J]. 中华人民共和国国务院公报，2015，24：42—44.

活费补助政策，其中，西部地区 990.92 万人，覆盖率（占该地区寄宿生总数）达 77.82%[1]。

然而，与集中办学和寄宿制学校的广泛建设相伴而生的不仅仅是越来越多的孩子离开家开始全新的寄宿生活，还有寄宿生低龄化趋势出现，这些儿童难以顺利适应寄宿学校的新生活，导致学习效果下降、心理孤独等问题凸显。农村低龄寄宿生的学校适应性问题不仅关系到农村学生公平接受高质量教育，更关系到农村义务教育的整体均衡发展。基于此，本研究针对陕西省宁强县和太白县 13 所小学的低龄寄宿生进行实证调查，探索影响低龄寄宿生学校适应性因素以及如何提高农村寄宿制小学学生学校适应性，在不得不选择寄宿制学校作为当前解决学生上学不便等客观现实的情况下，这些都是亟待研究解决的重大现实问题。

二、研究的目的和意义

（一）研究的目的

本文从义务教育均衡视角入手，结合问卷、访谈和量表，从学习适应性、生活适应性和情感适应性三方面，对农村低龄寄宿生的学校适应状况及影响因素进行数据分析，揭示在学生对学校适应的过程当中，家长、教师、学校等各个方面所起的作用。并根据研究结果就解决农村低龄寄宿生学校适应问题，提出可行性的对策建议，从而为推动农村寄宿制学校建设和义务教育的均衡发展提供更多建议与参考。

（二）研究的意义

1. 理论意义

有利于深化对教育均衡理论、群体均衡理论的认识。从理论上来讲，本研究涉及教育经济学领域中的教育均衡与公平理论以及义务教育群体均衡理论。基于当前农村低龄寄宿生义务教育的现状，如何从教育均衡理论、群体均衡理论的角度探寻其问题及解决路径，是对教育均衡、教育群体均衡理论的深层次理解和应用。同时，有助于拓展对农村低龄寄宿生学校适应性研究的理论视野，为受众群体提供更强有力的支持和更好的服务。

---

[1] 人民网. 国家学生资助政策体系简介（2015）[EB/OL]. 2015-8-12. http://edu.people.com.cn/kaoyan/n/2015/0812/c112975-27450813.html.

另外，本研究对现行农村寄宿学生学校适应性困境的原因及促进策略进行了探讨，希望这项研究能提高人们对农村寄宿制学校管理重要性的认识，为提高学生学校适应水平和进一步研究农村寄宿制学校管理问题及政策制定提供理论素材，具有一定的理论价值。

2. 现实意义

在西北区域义务教育均衡发展进程中，学校合并促使生源和教育资源向县镇中心学校集中。为确保偏远农村儿童顺利接受义务教育，农村寄宿制小学为偏远儿童克服上学远、上学难问题提供了便利，经过布局、规模调整阶段，教育质量将成为农村寄宿制学校管理中关注的重点。因此本研究对学生学校适应性的研究具有重要的现实意义和一定的前瞻性。

现实中，寄宿制学校管理存在诸多问题，低龄寄宿生在教育均衡的起点、过程和结果方面都面临困境，在义务教育群体均衡中处于弱势地位。本研究通过客观展现农村小学寄宿生的学校适应状况，为农村寄宿制学校的建设和日常教学管理以及寄宿学生的家长、教师帮助学生更好地适应学校生活提供客观、真实的佐证。因此本研究具有重要的实践意义。

针对农村义务教育均衡发展问题，中共中央、国务院颁发的《国家中长期教育改革和发展规划纲要（2010－2020年）》提出："建立城乡一体化义务教育发展机制，在财政拨款、学校建设、教师配置等方面向农村倾斜。率先在县（区）域内实现城乡均衡发展，逐步在更大范围内推进。全面提高教育质量，基本实现区域内均衡发展，确保适龄儿童少年接受良好义务教育。"其中，农村低龄寄宿生作为义务教育阶段的适龄儿童，如何保证他们享受到同等质量的教育并获得均衡的教育结果、从而达到群体均衡，是促进义务教育均衡发展的关键。本研究力图在考察陕西省太白县、宁强县寄宿学生学校适应性水平的现状的基础上，探索新的学校管理途径，为相关条款的修改提供坚实的基础。同时本研究也是对高层政府发展义务教育政策的有力回应，因此具有重要的政策价值。

89

三、文献综述

（一）学生的学习适应性

1. 学习适应性定义

在研究中，我国学者大都采纳周步成等主修的《〈学习适应性检测〉手册》上对学生学习适应性的表述，认为它是"个体克服困难取得较好学习效果的倾向，即学习适应能力。其主要因素有学习热情、有计划地学习、听课方法、读书和记笔记的方法、记忆和思考的方法、应试的方法、学习环境、性格和身心健康等。"方怀胜（2003）认为学习适应是学校适应的重要方面，能否顺利完成学业是学生学校适应的重要指标之一，学习适应是指学生能够根据环境及学习的需要，努力调整自我以达到与学习环境平衡的行为过程。❶聂衍刚（2004）总结之前研究提出，一般认为，学习适应性是指学生善于克服学习困难并取得较好学习效果的一种倾向，也可以称作是一种学习适应能力❷。

结合低龄寄宿生的现有情况，低龄寄宿生的学习适应性是指低龄寄宿生在寄宿制学校学习的过程中根据学习条件的变化，主动做出身心调整，达到与学习环境相适应，并促进学力发展的能力。

2. 学习适应性现状研究

戴育红（1997）对广州市某小学 161 名 3—6 年级学生的学业适应的调查研究表明，有 26.71%的小学生学习适应性仅处于中下甚至差等水平，即处于学习不适应状态，优等率只有 1.86%。徐亚青等（1998）对上海长宁区 1—3 年级共 1707 名学生进行调查发现，有 31.69%的学生学习倾向尚处于中等以下水平，44.41%的学生学习方法欠佳。杨雪梅等（2001）对四川达州市小学 2—4 年级 330 名学生学习适应性进行调查也发现，有学习适应问题的学生达到 43.64%，小学二年级学生的表现最好，三、四年级出现大幅度滑坡现象❸。由此可见，我国小学生学习适应性的总体水平不高，适应不良率偏高而优等率偏低。

3. 学习适应性影响因素研究

台湾地区学者陈英豪、林正文和李坤崇于 1991 年编制的《学习适应量表》用于调查小学四年级至初中三年级学生的学习适应情况，量表由学习方法、学习习惯、学习态度、学习环境和身心适应方面的五个分量表组成。温泽尔和阿瑟（Wentzel & Asher，1995）从成就动机、自我规范技能、社会行为、师生关系和学习声望（是否被认为是好学生）几方面来综合评价儿童青少年的学习适应。他们认为成就动机应当包括乐于承担学习任务、对学校感兴趣、在课堂上付出努力，关心是否获得积极的评价几方面。自我规范技能和课堂上的亲社会

---

❶ 方怀胜. 中小学生的学校适应及教师的指导[J]. 北京教育学院学报（社会科学版），2003，17（3）：46-49.

❷ 聂衍刚，郑雪，张卫. 中学生学习适应性状况的研究[J]. 心理发展与教育，2004，20（1）：23-28.

❸ 杨雪梅，叶峻. 小学生学习适应性发展的研究[J]. 四川心理科学，2001（3）：36-37.

行为同样是学习适应的指标。那些能够独立学习、自信、控制冲动、遵守纪律的学生往往是学习好的学生。与老师保持良好的关系也是学习适应必不可少的[1]。戴育红（1997）通过研究指出影响学生学习适应性的主要因素有学习态度、学习方法、学习环境、身心健康等。

①个人因素

性别与学习适应性水平的关系。戴育红（1997）对学生的学业适应的调查研究表明，小学生的学习适应性水平不存在明显的性别差异和年级差异。白晋荣[2]（2002）、李长英（2013）的研究基本一致，也认为男女生在学习适应性方面没有显著性差异。但也有学者得出不同的结论，郭楚如等（2003）在比较研究不同年级和性别的小学生学习适应性后得出结论，小学生普遍存在学习适应性问题，且存在性别差异[3]。吕正欣（2008）选取长春一所小学一年级的儿童进行研究，发现学业成绩存在着显著的性别差异，女孩的语文标准分、数学标准分均显著高于男孩（$p < 0.01$，$p < 0.05$）[4]。

是否为独生子女与学习适应性水平的关系。是否为独生子女对学习适应性的影响的直接研究有限，徐亚青（1998）在研究讨论中指出，学习上独生子女更容易墨守成规，机械模仿，生搬硬套，迷信权威，缺乏独立思考，一旦遇到困难或挫折，挫败感往往会从其内心弥散开来，形成抑郁、孤僻、退缩、自卑的心理，对学习表现出很大的不适应。李晓驷等（2001）在研究独生子女和非独生子女个性差异时也指出，独生子女与非独生子女在自主学习、自觉管理、人际关系和自我适应的表现上有较大差异，表现较差。已有研究显示，非独生子女较独生子女在学习适应性上表现更佳。

智力水平与学习适应性水平的关系。戴育红（1997），徐亚青（1998）等学者已证实，在智力水平正常情况下，智力并非是影响学生学习适应性水平的决定因素。

学习成绩与学习适应性水平的关系。方怀胜（2003）在研究学习适应性时，

[1] Wentzel K R, Asher S R. The Academic Lives of Neglected, Rejected, Popular, and Controversial Children [J]. Child Development, 1995, 66（3）: 754−763.

[2] 白晋荣，刘桂文，赵笑梅，等. 小学生学习适应性研究[J]. 河北师范大学学报（教育科学版），2002（3）: 76−79.

[3] 郭楚如，吴泽敏，郭少玲，等. 不同年级和性别小学生学习适应性比较分析[J]. 中国民康医学，2003，15（12）: 737.

[4] 吕正欣. 儿童入学准备发展水平对其学校适应状况的预测[D]. 长春：东北师范大学，2008.

认为学习成绩是学习适应的核心指标。而戴育红（1997）的调查结果显示，学习适应性与学习成绩之间经检验存在着较高程度的相关，系数为 0.333（P<0.001），这表明学习适应性对小学生学习成绩的影响是极其显著的❶。可见，学习成绩与学习适应性之间是相互作用，相互影响的。

同伴关系与学习适应性水平的关系。温泽尔（Wentzel K. R.，1997）等的实证研究表明，拥有亲密朋友的青少年趋向于更高水平的幸福感和低水平的沮丧情绪，而幸福感与良好的学习行为、学业成就都密切相关❷。杨光艳（2006）的研究也发现，同伴关系不良是影响学习情绪并导致成绩下降的一个重要因素，被同伴拒绝的孩子在学业上获得同伴的帮助要比其他孩子少❸。同时，许多心理学家从不同的角度对同伴关系提出了自己的理论并进行相关研究，研究发现同伴关系良好对学校适应具有促进作用。

个人特性与学习适应性水平的关系。徐亚青（1998）指出影响学习适应水平的重要因素是个性心理，个体的自制性、坚持性和独立性所存在的差异对学习的影响尤为突出。李长英（2013）在研究西部山区离村儿童时也发现，学习适应性受个人能力因素影响最大，其余依次为独立性、听课方法、学习计划、毅力和学习态度❹。

②家庭因素

父母受教育水平与学习适应性水平的关系。俞国良（1997）研究发现，学习困难儿童母亲的文化程度要显著低于一般儿童❺。徐亚青（1998）进一步指出，小学生正处于学龄期学习的初始阶段，学生父母的文化修养一定程度上反映了家庭物质生活水平、教养方式和对于子女的期望值，会对学生的适应水平造成影响。李长英（2013）也对父母受教育水平起影响的原因做了解释，她认为教育程度高的父母营造的家庭学习氛围比较浓，对孩子的学习起到一种潜移默化的影响。沈卓卿（2014）更加微观地发现，那些受过高等教育的母亲本身

---

❶ 戴育红. 小学生学习适应性的研究[J]. 教育导刊（月刊），1997（1）：15-17.

❷ Wentzel K R, Barry M N, Caldwell K A. Friendships in Middle School: Influences on Motivation and School Adjustment [J]. Journal of Educational Psychology，2004，96（96）：195-203.

❸ 杨光艳，陈青萍. 同伴关系的功能及其对学业成绩的影响[J]. 衡水学院学报，2006（3）：61-64.

❹ 李长英，罗平云. 西部山区离村儿童学习适应性研究——基于重庆 T 中学的调研[J]. 现代中小学教育，2013（10）：62-65.

❺ 俞国良. 学习不良儿童的家庭环境及其与社会性发展的关系[J]. 心理发展与教育，1997（1）：46-50.

使用的句子更长，词汇更丰富，比受教育较少的母亲使用的句法更复杂，这也导致高社会经济地位儿童的语言发展得更好[1]。

父母职业与学习适应性水平的关系。1967 年国际学业成绩评估协会对 12 个国家八年级中学生数学成绩的比较研究得出结论："在一国之内，父亲职业地位越高，一般来说，其子女的数学成绩也越高。"[2] 曾琦（1997）也指出从事专门化职业（如教师、医生、工程师、干部等）工作的父母，在家庭中的角色较为民主，其子女的学业成绩也相对较好。

父母教育方式与学习适应性水平的关系。曾琦（1997）以 304 名小学二年级儿童为被试，考察儿童父母的教育方式与儿童在学校的适应水平及学业成绩的关系时发现，父母的教育方式与儿童在学校的适应水平及学业成绩有密切的关系。[3] 刘磊等（2010）对 339 名流动儿童的家庭教养方式和学习适应性进行调查，发现流动儿童的父母教养方式和学习适应性在多个因子上存在显著相关[4]。李豆豆等（2015）进一步发现，得出结论，和父母关系较为融洽的新生，学习适应性好于相对不融洽的，家庭教养方式较为民主的优于相对较为专制的[5]。

家庭环境与学习适应性水平的关系。邓远平（2010）研究发现家庭环境与子女学习适应性有着紧密关系，家庭的组织性、文化性和独立性对流动人口子女的学习适应性有预测作用[6]。

③学校因素

学校设施服务水平与学习适应性水平的关系。杜屏（2010）对西部五省区农村小学寄宿生研究后发现，学校寄宿条件对学生成绩、学校适应性有着显著的影响[7]。苏蕾（2012）调查显示，西部地区学校普遍存在只有校舍，缺少相

---

[1] 沈卓卿. 论社会经济地位对儿童学业发展的影响[J]. 教育研究，2014（4）：70−76.

[2] 中央教育科学研究所《世界教育展望》编辑组. 世界教育展望[M]. 北京：教育科学出版社，1983：83.

[3] 曾琦，芦咏莉，邹泓，等. 父母教育方式与儿童的学校适应[J]. 心理发展与教育，1997（2）：47−52.

[4] 刘磊，符明弘，范志英. 流动儿童家庭教养方式和学习适应性的相关研究[J]. 长江师范学院学报，2010（5）：144−147.

[5] 李豆豆，王全权，苏雷. 大学新生学习适应性影响因素探析[J]. 黑龙江教育学院学报，2015（8）：94−95.

[6] 邓远平，汤舒俊. 流动人口家庭环境对其子女学习适应性的影响[J]. 西南交通大学学报：社会科学版，2010，11（5）：128−131.

[7] 杜屏，赵汝英，赵德成. 西部五省区农村小学寄宿生的学业成绩与学校适应性研究[J]. 教育学报，2010，006（6）：84−91.

应配套设施，寄宿学生在住宿、饮食等方面存在较大问题，基本生活条件缺乏，学生无法安心学业❶。可见，西部学校基础寄宿条件缺乏，可能会对学生的学习适应性造成消极的影响。

学校师资情况与学习适应性水平的关系。徐亚青（1998）认为，教师的教育风格和给予学生的期待，这些会影响学生的适应性水平。❷杨兆山（2010）研究发现，心智发展尚未成熟的寄宿生缺少独立生活能力和与同伴交往的能力，对教师有非常大的依赖性，他认为教师是影响学生学校适应的关键人物。而如今寄宿制学校生活教师缺编严重，往往不能很好地负责学生的日常生活❸。Douglas N. Harris 等（2011）指出对老师培训以提高老师自身的素质，是提高小学的教育质量的关键因素之一，这已经成为一种共识❹。赵丹（2015）更具体指出，学校投入方面，生均公用费用、专科以上教师比例、小学高级以上教师比例对教学成绩合格率具有显著的正影响，这说明教育财政投入和教师质量对学业成就的影响是十分关键的。

师生关系与学习适应性水平的关系。国内学者方怀胜（2003）认为，师生关系是人际适应的重要指标，而且对小学生的学业和学校行为影响较大。储小庆（2009）在总结学者们研究成果后指出，师生关系作为儿童人际关系的一部分，它是学校环境中影响学生学校适应的一个重要变量，师生关系与儿童的早期学校适应显著相关，并影响儿童的学业成绩和学校的适应行为❺。

学校撤并情况与学习适应性水平的关系。郑磊（2011）提出农村地区教学点的办学条件要落后于村完小、乡镇中心小学和九年一贯制学校，因此从教学点转学导致学生面临的学习环境转变更大，更容易产生适应性问题❻。赵丹

---

❶ 苏蔷，杨兆山. 农村寄宿制小学学生学校适应状况影响因素分析与对策[J]. 长春理工大学学报：高教版，2012（7）：135－137.

❷ 徐亚青. 小学生学习适应性现状调查及对策研究[J]. 上海教育科研，1998（9）：39－42.

❸ 杨兆山，高鹏. 农村寄宿制学校低龄寄宿学生的适应问题与对策——基于中西部三省区的调查[J]. 现代教育管理，2012（7）.

❹ Harris D N，Sass T R. Teacher Training，Teacher Quality and Student Achievement [J]. Journal of Public Economics，2011，95（7－8）：798－812.

❺ 储小庆. 农村寄宿小学生学校适应问题及对策研究[D]. 重庆：西南大学，2009.

❻ 郑磊，卢珂. 转学对学生成绩的影响：来自中国西部农村的证据[J]. 教育学报，2011，007（2）：80－88.

（2015）在研究农村学校规模对教育质量的影响后也提出，"经历过学校撤并的学生比例"对学校教育质量产生了负面影响[1]。

（二）学生的生活适应性

1. 生活适应性的定义

李俊刚（2013）对生活适应性做出如下定义：生活适应性指的是人在生活过程中，面对周围世界而做出的努力，向内的努力就是改变自身以适应周围世界，同时积极的改变周围世界，以达到个体与周围环境和谐共处[2]。更具体的，赵波（2002）对生活适应标准做出归纳，他提出生活适应标准是指个体的心理和行为是否符合社会生活的公共规范和准则，是否能根据环境条件及其变化，有效地发挥其心理机能，通过适当的行为去适应和改造环境，以满足自己的生存和发展需要[3]。

结合低龄寄宿生的现有情况，低龄寄宿生的生活适应性是指低龄寄宿生在寄宿制学校生活的过程中根据生活条件的变化，主动做出身心调整，使自己能够在寄宿生活中表现良好，并促进自身发展的能力。

2. 生活适应性现状研究

储小庆（2009）采用小学生学校适应问卷对重庆市各县区农村寄宿制小学学生进行调查，结果显示不太适应和非常不适应学习生活环境者分别占寄宿生人数的45%和39%。刘胜琳（2001）对小学新生适应学校生活的状况调查后提出，当前的小学生对学校生活的适应只是中等程度的适应，是部分学生对学校生活的适应和学生对学校生活的部分适应[4]。

3. 生活适应性影响因素研究

王永丽（2005）提出小学生的生活适应主要表现在：①生活自理，即个体最基本的生存能力。表现在饮食、衣着、个人卫生、睡眠、外出等方面；②居家，即在日常生活中使其正常、和谐发展的基本生活能力。主要表现在家务劳动和钱的理解与使用方面；③生活自我管理，即对自身的一种指导和要求。

95

---

[1] 赵丹，曾新. 义务教育均衡发展背景下农村学校规模对教育质量的影响[J]. 现代教育管理，2015（3）：26-30.

[2] 李俊刚. 小学生羞怯、自我概念与生活适应的关系研究[D]. 哈尔滨：哈尔滨工程大学，2013.

[3] 赵波. 论大学生生活适应问题及对策[J]. 南京邮电大学学报：社会科学版，2002（2）：34-38.

[4] 刘胜琳. 小学新生适应学校生活的状况调查研究[J]. 四川师范大学学报：社会科学版，2001，28（1）：92-96.

表现在主动性、坚持性、自制力、责任心等方面❶。Arkoff（1968）提出了四个生活适应良好的指标：①生活感受：指个人对现实环境感到幸福和满足，同时能够与环境互动且保持和谐的关系；②自我实现：个体能够发挥自己的潜能，且完成每个阶段的任务；③自我关怀：指个体能够了解、接纳、认同自我，并且自我开放、自尊、自重。④适应环境：指个体能够准确无误地知觉环境，并且自由快乐地达到社会期望❷。储小庆（2009）从已有的研究总结出影响小学生学校适应性的因素有父母教养方式、师生关系、同伴关系，班级环境，教学模式，自尊心和心理控制源等。就其对小学生学校适应性影响程度，国内外很多研究均已证明。

（1）个人因素

性别与生活适应性水平的关系。吕正欣（2008）研究发现整体上，女生的学校适应状况要优于男生。女生在班级中也表现出更多的积极交往行为、较少出现攻击冒犯行为。颜华平（2010）也指出小学生的生活适应存在显著的性别差异，女生明显好于男生❸。王文（2011）经独立样本检验发现，2—5年级女生的积极社会行为得分显著高于男生，但二者的差异逐渐缩小❹。

是否为独生子女与生活适应性水平的关系。颜华平（2010）研究后发现，低龄寄宿生心智发展尚未成熟，加之家庭对独生子女的溺爱和娇惯，其消极适应问题相对于其他年级学生更为突出，低龄寄宿生的消极适应首先表现为"长时适应""适应滞后"和"适应过度"。董世华（2012）也发现，由于计划生育政策以后，农村人口也在发生很大的变化，大多数家庭只有两个孩子，还有一部分家庭是独生子女。正因为如此，家庭对孩子的抚养中溺爱现象普遍存在，导致很多儿童连吃饭、穿衣这种基本日常生活都依赖父母。杨梅（2011）指出大部分儿童都成为独生子女，父母不免对家中唯一的孩子娇生惯养，从而导致其对困难的忍受力的下降，使得许多学生生活适应力降低，产生适应问题。

学生成绩与生活适应性水平的关系。王佩丹（2004）在研究中也发现学生

❶ 王永丽，林崇德，俞国良. 儿童社会生活适应量表的编制与应用[J]. 心理发展与教育，2005，21（1）：109-114.

❷ Arkoff，A. Adjustment and Mental Health[M]. New York：McGraw-Hill，1968.

❸ 颜华平. 小学生生活适应性对学业成就的影响研究[J]. 山西师大学报：社会科学版，2010（S1）：141-142.

❹ 王文. 小学生社会性适应的性别差异研究[J]. 内蒙古师范大学学报：哲学社会科学版，2011，40（2）：135-138.

的生活适应与学生的学习成绩存在显著相关❶。这也与郑文珍的研究一致，她认为，学业不良的学生普遍自我效能感低下，他们怀疑自己的学习能力，缺乏学习的信心，倾向于想象失败的学习结果，从而导致学校适应性不高❷。颜华平（2010）也提出，学业成就与生活适应存在显著的相关性。

同伴关系与生活适应性水平的关系。邹泓（1997）提出，同伴关系在儿童青少年适应学校生活的过程中起着重要的作用。良好的同伴关系有利于儿童及青少年社会价值的获得、社会能力的培养、学业的顺利完成以及认知和人格的健康发展。而同伴关系不良有可能导致学校适应困难，甚至会影响成年以后的社会适应。这一结论已被大量研究证实❸。

（2）家庭因素

父母受教育水平与生活适应性水平的关系。曹瑞（2011）研究发现，父母的受教育程度越低，越关注孩子的学习成绩，父母的受教育程度越高，越能对孩子包括学习成绩、身体状况、心境、人品等各个方面给予同样的关注❹。杜景文（2010）对父母受教育水平的作用原因进行分析，提出父母的作用是通过家庭环境的创设活动而发生，该研究对数据进行分析发现，父母的受教育程度与家庭环境之间存在显著正相关表明，受教育水平较高的父母更可能具有创设良好家庭环境的能力❺。

父母职业与生活适应性水平的关系。曾琦等（1997）研究发现，职业水平较低的父母更可能采用严厉的教育方式而较少采用民主的教育方式。父母严厉的教育方式与儿童被同伴拒绝的程度、儿童的攻击性、学习问题呈正相关关系，而与儿童被同伴接纳的程度、儿童的社交能力、学习成绩有负相关关系。

父母教育方式与生活适应性水平的关系。Lewis（1995）发现支持型的父母教养方式会对学生的生活适应有正面影响，但是如果过度控制孩子则会对其生

97

❶ 王佩丹，郭楚如，林勇强. 学习适应性与学习成绩的关系[J]. 中国健康心理学杂志，2004，12（3）：228.

❷ 郑文珍. 学生物理学业不良的心理成因及对策探析[J].现代中小学教育，2007（6）：54-57.

❸ 邹泓. 同伴接纳、友谊与学校适应的研究[J]. 心理发展与教育，1997（3）：57-61.

❹ 曹瑞. 父母受教育程度对亲子关系影响的研究[J]. 中国校外教育：理论，2011（6）：51.

❺ 杜景文. 父母受教育程度与家庭教养的关系分析[J]. 太原城市职业技术学院学报，2010（12）：121-122.

活适应有负面影响❶。杨梅（2011）提出"家庭是第一个学校，父母是第一个老师"，有研究发现，父母教养方式和教养环境影响儿童的生活适应❷。曾琦等（1997）研究发现，严厉型父母的儿童在学校的社会适应和学习方面更易出现问题。相反，民主型父母的儿童倾向于能较好地适应学校的社交和学习活动。

（3）学校因素

学校设施服务水平与生活适应性水平的关系。叶敬忠（2007）研究发现，缺少基本生活条件的保障是学生不能安心学业的主要原因，在设施条件相对较好、管理较为完善的寄宿制学校，学生住校期间想家的概率较低。董世华（2012）调查发现，低龄寄宿生生活的不适应性主要表现在由于生活不能自理而造成的压力和"思家"情绪引起的心理问题，其根源是学校家庭功能的缺失❸。

学校师资情况与生活适应性水平的关系。Stoolmiller 等（2000）研究发现，接受学生行为方面培训的老师能够有效地减少学生的行为问题，并且能有效地提高学生的自律能力❹。杨兆山（2011）提出在寄宿制学校的日常管理中，尤其是生活管理中，生活老师扮演着一个老师和家长的"双重"的角色，照顾学生的起居、饮食乃至心理等多个方面。可见，寄宿制学校教师对学生的生活适应起到重要的作用。

学校管理与生活适应性水平的关系。Bar-Nir 等（2002）提出，父母与寄宿孩子见面的次数以及通电话的次数，还有心理工作者与寄宿学生的交谈都能提高寄宿学生对于寄宿学校的满意程度❺。储小庆（2009）也提出学校后勤管理工作在学校管理和发展中具有基础性保障性的重要作用，同时影响了学生的学校适应水平。

师生关系与生活适应性水平的关系。储小庆（2009）认为师生关系作为儿童人际关系的一部分，它是学校环境中影响学生学校适应的一个重要变量，研

❶ Lewis，J.w. Self-evaluation as Mediators of the Effects of Parenting on Children's Adjustment [D]. Washington：George Mason University，1995.

❷ 杨梅. 小学生情绪智力、父母教养方式与生活适应的关系研究[D]. 上海：上海师范大学，2011.

❸ 董世华. 我国农村寄宿制学校问题研究[D]. 武汉：华中师范大学，2012.

❹ Stoolmiller M，Eddy J M，Reid J B. Detecting and Describing Preventive Intervention Effects in a Universal School-based Randomized Trial Targeting Delinquent and Violent Behavior [J]. Journal of Consulting & Clinical Psychology，2000，68（2）：296-306.

❺ Bar-Nir，Schmid. Psychosocial Treatment and Relations Between Children in Residential Boarding Schools and Their Parents[J]. Child & Family Social Work，2002，3（4）：247-257.

究表明师生关系与儿童的早期学校适应显著相关。亲密的师生关系与儿童积极的适应结果（如学校喜好、班级参与、学业能力）有关，有冲突的师生关系与儿童的消极适应结果有关。苏蔷（2012）认为对寄宿学生来说，师生关系对学生的学校适应性至关重要，良好的师生关系、民主的教育方式和有针对性的个别教育是解决学生学校适应不良的有效措施。

（三）学生的情感适应性

1. 情感适应性定义

美国心理学家拉扎勒斯对情绪和适应做了大量的研究，提出了情感适应理论。情感适应理论的核心内容是指受众通过对外部和内部状况的评价后产生情感反应，进而引起后续的处理行为[1]。Frederick & Loewenstein （1999）也对情感适应做出解释，他们指出生活中的重大事件会引起人们强烈的情感反应，但情绪会逐渐消退，快乐水平又恢复到基线，这种现象称为情感适应，即对重复或连续刺激的情感反应变弱的心理过程[2]。

结合低龄寄宿生的现有情况，低龄寄宿生的情感适应性是指低龄寄宿生在寄宿制学校学习的过程中根据学习条件的变化，主动做出身心调整，达到与学习环境相适应，并促进学力发展的能力。

2. 情感适应性现状研究

徐亚青（1998）对上海长宁区 1—3 年级共 1707 名学生调查发现，有 40.60% 学生个性心理处于不良状态，从调查问卷提出的问题分析，学生的自制性、坚持性和独立性在面临学习的需要时，原有的心理水平不能与之相适应。刘朝军等（2004）调查发现刚寄宿不久的学生心理健康水平低下，精神症状自评量表（SCL—90）中的躯体化、人际关系、抑郁、焦虑、敌对、偏执等因子分值显著高于非寄宿生[3]。叶敬忠等 （2007）对北京、江苏和湖南的四所农村寄宿制小学的 1—5 年级寄宿生与走读生共 371 人进行分析，发现寄宿生活对学生的性格

99

---

[1] Smith C A，Lazarus R S. Emotion and Adaptation[J]. Journal of Nervous & Mental Disease，1991，181（3）.

[2] Frederick，S.，Loewenstein，G. Hedonic Adaptation. In E. Diener，N. Schwartz，& D. Kahneman（Eds.），Hedonic Psychology：Scientific Approaches to Enjoyment，Suffering，and Wellbeing（pp. 302–329）. New York：Russell Sage Foundation Press，1999.

[3] 刘朝军，田素英，等. 寄宿制和非寄宿制学校高中生心理健康状况比较[J]. 中国临床康复，2004，27：5782–5784.

会产生一定影响，4.5%的寄宿生表示在学校经常会感到孤独、害怕，34.5%的人表示偶尔会有这种感觉，个别学生在封闭式严格管理的寄宿制学校里无法适应，在性格上逐渐变得内向和封闭。王远伟（2007）在调研中也发现，由于孩子寄宿至少要在学校连续住一个星期以上，长期不能和父母在一起，使很多孩子产生情感上的问题，导致性格上的缺陷。

3. 情感适应性影响因素研究

①个人因素

是否为独生子女与情感适应性水平的关系。杨兆山等（2012）对低龄学生适应问题调查后发现，低龄寄宿生心智发展尚未成熟，加之家庭对独生子女的溺爱和娇惯，使他们缺少独立生活能力和同伴间的交往能力，其消极适应问题相对于其他年级学生更为突出。李姝妍（2014）对小学新生适应问题研究后发现，绝大部分小学新生都是独生子女，受家庭和幼儿园的影响，导致他们缺乏必要的生活自理能力和团队协作意识，再加上小学新生缺少入学的心理准备，对学校认识发生偏差，严重的甚至产生恐慌情绪等，这也容易造成小学新生出现适应性问题。

学习成绩与情感适应性水平的关系。Wenz G M（1998）提出学习不良儿童会体验到更多的压力，较少得到同伴和成人的支持，适应性很差，而且适应与学生的压力有关[1]。国内学者方怀胜（2003）也调查发现，学生学习成绩好就会受到老师、同学的关注，受到的正面评价就多，其自信心就强，这些还会影响学生的学习成绩，逐渐就会形成良性循环。

同伴关系与情感适应性水平的关系。叶敬忠（2007）在所调查的寄宿生中发现，58.7%的学生在心情不好时会告诉朋友，这一比例远远超出对其他倾诉对象的选择，显示出在寄宿生的生活中朋友对他们倾诉内心、交流情感起到了无可替代的重要作用，但也有19.4%的学生选择"对谁也不说，自己憋在心里"。国外研究发现良好的同伴关系对学生的学校适应具有促进作用，它可以增强个体的自尊感，给彼此提供宣泄的机会，增强情感的支持，弱化压抑和焦虑情绪[2]。张海波等（2008）研究后提出，对于学生来说建立一个良好的交际关系是十分

---

[1] Wenz G M, Siperstein G N. Students with Learning Problems at Risk in Middle School: Stress, Social Support, and Adjustment[J]. Exceptional Children, 1998, 65（1）: 91-100.

[2] Berndt T J. The Features and Effects of Friendship in Early Adolescence[J]. Child Development, 1982, 53（6）: 1447-1460.

重要的，它可以给予学生情感上的支持。对于学生来说尤其是寄宿制学校的学生，父母都不在身边，所以一个交心的伙伴可以排解学生在心理上的孤独感，给学生提供一个可以宣泄情绪的途径❶。

②家庭因素

父母受教育水平与情感适应性水平的关系。于守臣（1994）对1414名中学生心理健康状况调查发现，父母文化程度越高，其子女不仅学习成绩越好，心理素质也越好❷。吴敏（2007）进一步发现，父母文化程度越低，其 SCL–90 各因子分值越高，由此分析文化程度较高的家长，可能更注重教育知识的学习，教育手段更科学合理，其子女心理发展更为健康❸。曹瑞（2011）调查发现，受教育程度较低的父母主要集中在农村，传统上农村家长大多封建家长制观念比较强，认为孩子在父母面前就是要服从，缺乏与孩子的平等交流与沟通。同时造成农村孩子较城市孩子腼腆，不善于表达造成家长与孩子的交流难以深入，影响到教育效果。

父母职业与情感适应性水平的关系。霍如涛（1999）提出不同职业的父母在对待子女问题上则会表现出不同的教育方式、不同的期望值、不同的人格影响❹。进一步地，李慧娟等（2005）对父母职业对儿童心理行为的影响研究后发现，母亲职业与焦虑、抑郁及思想问题关系密切，父亲职业与过失行为及攻击性行为关系密切。父母职业为农民者心理行为健康状况较差，父母职业为机关干部者心理行为健康状况较好，父母职业为工人、商人及知识分子者心理行为健康状况介于以上两者之间❺。吴敏（2007）对大学生研究时也发现，父亲为农民的大学生抑郁因子分值明显高于其他职业群体，而母亲为农民、个体职业者的大学生抑郁因子分值也较高。焦虑、敌对、偏执、精神病性等因子分值也以父母为农民、个体职业者为高。

---

❶ 张海波，王守纪，杨兆山. 关于农村寄宿制学校学生适应问题的思考[C] // 农村教育与农村发展高端论坛论文集，2008.

❷ 于守臣，宋彦. 1414名中学生心理健康状况调查[J]. 中国心理卫生杂志，1994（1）：7–8.

❸ 吴敏，时松和，杨翠萍. 父母文化程度、职业、期望值及教育方式等因素对大学生心理健康水平的影响[J]. 郑州大学学报：医学版，2007，42（6）：1184–1187.

❹ 霍如涛，郑俊宝，林宝，等. 父母职业因素对大学生心理健康的影响[J]. 内蒙古科技与经济，1999（S1）：173–175.

❺ 李慧娟，黄晓玲，王文广，等. 父母职业对儿童心理行为的影响[J]. 中国妇幼保健，2005（6）：30–31.

父母教育方式与情感适应性水平的关系。Arrindell W. A. 等（1983）指出，家庭对儿童青少年心理健康的影响具有特别重要的意义，父母教育方式是家庭中影响子女心理健康发育的极为重要的因素❶。余毅震等（1996）分析父母教育方式与子女心理健康的关系表明，父母给子女一个情感温暖、理解的环境，施予理智的爱，子女出现心理问题的可能性就较小；而对子女采用惩罚严厉、过分干涉、过度保护、拒绝、否认的教育方式，均会增大其出现心理问题以及产生精神病症状的可能性❷。

家庭环境与情感适应性水平的关系。以色列学者艾米斯本·大卫博士（Amith Ben-David，1997）对家庭功能与学生在寄宿制学校的行为进行了实证研究，表明通过家庭功能状况可以预测学生在寄宿制学校的情感稳定状况，所以要处理好家庭和学校这一对关系❸。Shek（2002）的研究证实家庭被认为是影响青少年生活适应的重要因素。家庭不和睦，父母由于感情不和或其他原因而经常吵架，会给孩子带来情感上及学习上的不良影响，造成心理上的压力和恐惧，从而影响学习，甚至导致学校生活无法继续❹。

③学校因素

学校设施服务水平与情感适应性水平的关系。英国学者史瑞里·费希尔教授等（Shirley Fisher，Norman Frazer and Keith Murry，1986）在研究寄宿制学校学生"思家"与健康问题后提出，环境和生活状况才是影响学生想家的关键因素，而这种影响也只是在一定范围内发生❺。梁朝辉（2005）也指出学生安心学习的基础是基本生活需要的保障，寄宿制学校良好舒适的生活条件在一定

❶ Arrindell W A，Emmelkamp P M G，Brilman E，et al. Psychometric Evaluation of an Inventory for Assessment of Parental Rearing Practices[J]. Acta Psychiatrica Scandinavica，1983，67（3）：163–177.

❷ 余毅震，胡虞志，王玉玲，等. 父母教育方式对青少年心理健康影响的研究[J]. 中国学校卫生，1996（02）：89–91，161.

❸ Amith Ben-David，Tamar Erez-Darvish. The Effect of the Family on the Emotional Life of Ethiopian Immigrant Adolescents in Boarding Schools in Israel[J]. Residential Treatment for Children & Youth，1997，15（2）.

❹ Shek DT. Family Functioning and Psychological Well-Being，School Adjustment，and Problem Behavior in Chinese Adolescents With and Without Economic Disadvantage[J].Journal of Genetic Psychology，2002，163（4）.

❺ Shirley Fisher，Norman Frazer，Keith Murry. Homesickness and Health in Boarding School Children [J]. Journal of Environmental Psychology，1986（6），35–47.

程度上可以缓解学生离家之后的不适和想家的情绪❶。杜屏（2010）研究后也发现，基本生活设施条件的投入配置对小学四年级寄宿生的认知成绩和心理适应性的积极影响都较显著。这说明，学校生活环境的设置完全可以减弱或者消除学生的思想情绪，这就为实现寄宿制学校学生适应性的提高提供了一定的理论依据。

学校管理情况与情感适应性水平的关系。王远伟（2007）在调研中发现，超负荷的学习和过度管制会造成学生严重缺乏社会性、主动性。马欣仪等（2013）也提出寄宿小学生由于课业负担重、管理制度严苛在学习焦虑、自责倾向、过敏倾向及身体症状上的得分显著高于非寄宿小学生。❷苏蔷（2012）通过与寄宿制学校教师和管理者访谈得知，规范的作息管理和丰富的课余活动能够极大减轻寄宿生的想家情绪，可促进学生更好地适应学校生活，减轻学生心理负担。

师生关系与情感适应性水平的关系。方怀胜（2003）提出积极的情绪状态是学生学校适应的前提，学生在学校感到愉快就会喜欢学校生活，而师生关系是影响学生情绪的最主要因素。

学校撤并情况与情感适应性水平的关系。美国学者朱蒂斯·克林弗尔德（Judith Kleinfeld，1977）和约瑟夫·布鲁姆（Joseph Bloom，1977）指出，由于乡村寄宿制学校与城市学校的合并造成了关系紧张的局面，人数众多的城市学生经常取笑农村学生，而农村学生普遍感觉到失去了"属于自己的学校"，有一种寄人篱下的感觉❸。

（四）学校适应性的对策

1. 寄宿生家庭建设的研究

美国教育家布卢姆曾对 120 名杰出人才进行了长达四年的跟踪研究，这些杰出人物的父母虽然文化程度不尽相同，但他们的共同之处在于都关心子女的成长，肯给予更多的时间、更大的精力和财力去教育子女，并且普遍注意个人的言行在子女面前的表率作用❹，由此可见家长对子女的影响之大。在寄宿生

103

---

❶ 梁朝辉，杨杰军，吴云娟. 爱与责任，护佑低龄寄宿生健康起步——广西龙胜各族自治县低龄小学生寄宿管理纪实[J]. 中国民族教育，2005（5）：18–21.

❷ 马欣仪，凌辉，李新利，等. 寄宿与非寄宿小学生学习适应性、心理健康与学业成绩比较[J]. 中国临床心理学杂志，2013，21（3）：497–499.

❸ Judith Kleinfeld，Joseph Bloom. Boarding Schools：Effects on the Mental Health of Eskimo Adolescents[J]. Am J Psychiatry，1977（4）：134.

❹ 叶立群，邓佐君主编.家庭教育学[M]. 福州：福建教育出版社，1994：89.

住校期间，叶敬忠等（2007）提出，家长应主动加强与学生的联系，关注学生情绪和性格等方面的变化。许多学者发现母亲在家庭教育中对孩子的影响最显著，郑磊（2011）也提出应当强化母亲与子女的联系，发挥母亲在家庭生产中的重要作用。曹峰（2014）指出母亲与孩子的关系是影响寄宿生生活满意度的重要因素，提出即使必须外出务工，也应尽量让父亲单独外出，母亲在家照顾孩子。

2. 寄宿制学校的建设和管理研究

学校寄宿制度建设。管理制度建设是学校完成培养目标的有效保障。刘胜琳（2001）提出，小学应花大力气研究低年级学生的学习机制，并在作息制度、教学方法、教学组织形式上有所改进。王守纪等（2008）❶、苏蔷（2012）提出在寄宿制学校中，学生学习和生活的大部分时间都在学校度过，寄宿制学校规范的建设和科学的管理尤为重要，制度完善后更要认真执行，以提高农村寄宿制小学管理水平。邹联克（2011）对寄宿制学校的校长也提出了要求，广大寄宿制学校校长要准确把握寄宿制学校的社会属性，使寄宿制学校承担起必要的社会管理任务，努力提高管理的科学化水平❷。

学校寄宿生生活管理建设。杜威在《明日之学校》中提到高年级学生照顾低年级学生的可行性，他认为，设法尽量使低年级学生与高年级学生待在一起❸。梁朝辉（2005）在广西龙胜各族自治县低龄小学生寄宿制管理的研究中发现，这种"级长制"已经开始尝试，学校在寄宿生寝室安排"寝室长"，寝室长由高年级的学生担任，配合值日教师共同管理。叶敬忠（2007）也提出在日常生活中班主任教师与生活教师之间要加强沟通与交流，增加对学生生活和学习等各方面情况的全面了解。

学校寄宿生业培养建设。戴育红（1997）提出对学生无论其学习成绩如何都必须给予个别指导、以帮助他们改善学习适应性，排除学习适应障碍，进一步提高学习成绩。刘胜琳（2001）也提出对个别落后儿童的教育应给予关注，保证所有儿童都能适应他们的教育，不要让他们一开始就落后并掉队。徐亚青（1998）提出要提高学生的学习适应性必须与学校管理工作，教育教学工作有机结合，它应寓于德、智、体、美、劳五育之中，渗透于各门学科教学之中。通

---

❶ 王守纪，翟月. 针对寄宿学生调整管理策略[N]. 中国教育报，2008-10-14（6）.

❷ 邹联克，罗忠勇，任世晟. 贵州省寄宿制初级中学管理现状与对策研究[J]. 贵州教育，2011（11）.

❸ 杜威. 明日之学校[M]. 北京：商务印书馆，1935.

过课内学习，课外活动、家庭和社会实践，多渠道、多侧面，多层次地予以培养。

　　学校寄宿生心理培养建设。在课程设置上，叶敬忠（2007）提出学校应重视与寄宿生内心情感的交流并对其予以引导，安排专门的教师开设心理辅导类课程或主题活动。郑磊（2011）也认为要针对转学学生开设相应的心理辅导课程，改善他们的人际关系，提高其对新的就学环境的认同感，缓解转学的不利影响。在同伴关系培养上，曹峰（2014）、陈帅（2012）❶、张海波（2009）、苏蕾（2012）等学者都认为，在日常生活中引导学生建立良好的同伴关系在农村寄宿制学校中尤为重要，良好的同伴关系可以在很大的程度上缓解学生的孤独和压力，帮助学生更好地适应学校的环境和生活。

　　学校设施服务建设。叶敬忠（2006）认为，缓解寄宿生的想家情绪和减轻寄宿学校后的孤独等不适感可以通过提供外在舒适良好的学习生活条件来解决。杜屏（2010）提出为了促进学生发展，在农村寄宿制学校的建设过程中，对校舍卫生安全等应给予足够的重视。王远伟（2007）提出除了由于学校规模的扩大需要的更多教室、教学设施、宿舍和食堂外，寄宿学校还需要更大的操场和学生活动场地以供学生活动。

　　学校师资队伍建设。王艳东（2006）❷、王远伟（2007）、苏蕾（2012）、曹峰（2014）等学者关注到生活指导教师的建设，他们认为寄宿制学校需要培养更多具备责任感并且对学生有爱心、耐心的生活教师，优化教师队伍结构，调整教师编制，通过设置专职生活指导教师，减轻班主任和任课教师工作负担，从而更好地照顾学生生活，让学生尽快适应学校的学习生活。对于生活指导教师的待遇，苏蕾（2012）提出应使生活教师与任课教师享受同等待遇，并适当增加生活教师培训和晋升机会，以促使生活教师在寄宿生日常管理和学习生活中发挥更重要的作用。同时，赵丹（2014）提出除了生活指导教师外，学校内应设有专门心理辅导老师，为低龄住宿儿童提供必要的生活帮助，及时发现和解决其心理境况和出现的问题，保证儿童健康成长。在任课教师建设上，苏蕾（2012）提出上级教育管理部门和学校应高度重视对寄宿制学校教师的培训，提高寄宿制学校教师整体素质。甘琼英（2014）提出要建立具有寄宿制学校特性

---

❶ 陈帅. 农村寄宿制小学生生活指导的问题与对策研究[J]. 广西教育学院学报，2012（1）：173-175.

❷ 王艳东，王慧娟. 农村寄宿制小学的现状分析[J]. 教育实践与研究，2006（11A）：26-27.

的学校及教师考评、奖惩体系。

校园文化建设。李茂林等（2003）研究发现开展形式多样的课外活动可以来促使寄宿学生更好地融入学校生活[1]。叶敬忠（2006）也认为学校应该增加学生日常的娱乐活动，通过丰富的课余生活调节学生的心理，排解学生离开家庭后的内心失落感，促进学生养成积极向上的性格。在活动开展的内容方面，曹峰等（2014）提出要开展丰富多彩的文化娱乐活动和社会实践活动，丰富寄宿生的业余生活[2]。孟宪承（2006）提出，组织和鼓励学生轮流参与学校和班级的日常管理，是丰富学校生活的重要内容[3]。姚姿如（2011）鼓励通过校本课程的开发，来丰富校园文化建设，在考虑学生的兴趣、年龄特点并与当地文化传统相结合基础上，适当开发书法、美术、手工、雕刻、课外阅读、诗歌朗诵、民族歌曲等校本课程[4]。

学校亲情功能建设。董世华（2012）在研究农村寄宿制学校问题后提出，要赋予寄宿制学校亲情功能和生活护理功能，弥补家庭功能不足就是解决低龄寄宿生生活适应性问题的基本方向，而寄宿制保育学校可以解决低龄寄宿学生的生活与心理适应性问题。在具体的亲情功能建设上，魏国清（2006）提出通过以下五个方面实行家庭化教育：创设家庭式的学校环境、培养"母亲"式的师资队伍、渗透以校为家的思想观念、开展家教式的组织活动、加强学校与家庭的联系和交流。通过这种教育方式也必定会产生良好的教育效果，给山区孩子一个健康成长的"摇篮"[5]。

家校共育体系建设。在家长层面，苏蔷（2012）提出要通过家长与孩子的沟通和对孩子的关心，减轻孩子的想家情绪和心理焦虑。在学校层面，叶敬忠（2007）提出学校和教师有义务让家长认识到学生心理成长的重要性，并经常与家长进行交流和沟通，让家长及时了解学生生活学习现状和情感变化。可以向寄宿生提供便利的使用电话，方便学生与家人的联系。同时，曹峰等（2014）

---

[1] 李茂林，王博，贺迪清，等. 高效而坚实的跨越——安化县调整中小学校布局解秘[J]. 湖南教育，2003（19）：10-13.

[2] 曹峰，滕媛，黄梦杰. 农村寄宿制小学生生活满意度研究——以H省X县为例[J]. 公共管理评论，2014（2）.

[3] 孟宪承. 教育概论[M]. 福州：福建教育出版社，2006：38.

[4] 姚姿如. 丰富农村寄宿制学校生活的思考[J]. 东北师大学报：哲学社会科学版，2011（3）：176-180.

[5] 魏国清. 山区寄宿制小学的家庭化教育[J]. 河北教育：综合版，2006（6）.

提出应开展家长教育培训，提高家长的文化素质，为寄宿生提供处理人际关系等问题的经验。

3.政府对寄宿制学校建设研究

对寄宿制学校政策支持的研究。苏蔷（2012）提出国家必须完善农村寄宿制学校建设和发展的相关政策法规，如制定相关资金投入政策和管理制度，完善学校安全管理办法，调整生活教师编制，加强学校医疗保障条件等，以利于农村寄宿制学校健康、有序、良性发展。甘琼英（2014）提出省级教育行政部门应对寄宿制学校相关政策的执行落实进行督导检查，对发现的问题予以限时整改，同时要完善促进寄宿制学校可持续发展的配套政策，县级政府及教育行政部门应积极实施寄宿制学校相关政策法规[1]。邹联克（2011）指出，县域内政府要切实负起责任，各有关部门齐抓共管，确保学校及周边治安综合治理工作的常态化、制度化，确保校园的安全、安宁，并制定由农村寄宿制学校属地医疗机构负责对寄宿学生进行突发疾病救治、流行疾病预防与治疗、常规体检等的政策。

对寄宿制学校财政支持的研究。王远伟（2007）认为解决目前寄宿制学校所存在问题要依靠各级政府和教育行政部门的重视和实际作为，加大对农村中小学，包括寄宿制学校的资金投入力度。此外，努力实现多渠道教育投资也是一种好方法。邬志辉（2008）提出了通过义务教育教师工资转移支付、危房改造工程转移支付、国家贫困地区义务教育工程款等要求地方政府有相应的资金配套，通过转移支付的激励功能达到引导地方资金投入教育的目的[2]。杨兆山（2012）也提出要针对地区经济发展水平适时改变"以县为主"的教育投资体制，在中西部贫困地区，可以加大省市一级政府对贫困农村地区义务教育的转移支付力度。

对寄宿生补贴的研究。杨兆山（2012）提出国家要加强寄宿制学校实行的补贴和减免政策，各级政府应对贫困地区、民族地区的寄宿制学校补贴资金，在"两免一补"政策以外进一步免除部分费用，减轻学生的经济压力。董世华（2012）提出补助全员寄宿生生活费，生活补偿费，以专项资金的形式补偿到学校食堂，学校再以餐票的形式发放给学生。寄宿生的经济补助除了需要增

---

[1] 甘琼英.义务教育阶段农村寄宿制学校管理的现状与思考——基于 G 省 23 所农村寄宿制学校的调查[J].上海教育科研，2014（5）：22-25，13.

[2] 邬志辉.农村义务教育经费保障新机制[M].北京：北京大学出版社，2008：32-33.

加数额、扩大覆盖面之外，王远伟（2007）还建议要根据每个寄宿生家庭的经济状况和实际需要，发放等级不同的补助金。

从布局调整角度对寄宿制学校建设的研究。黄汉如等（2006）建议在调整学校布局的过程中，可以采取"联乡办寄宿制初中或乡办九年一贯制模式+乡办寄宿制中心小学+联村办初小+教学点"的布局调整模式❶。赵丹等（2014）认为学校布局调整应坚持公平和均衡优先，兼顾效率的原则，重视并加快薄弱学校的改造和建设，扩大优质教育资源，改善农村学校和城镇薄弱学校的办学条件❷。

（五）社会参与寄宿制学校建设的研究

在社会资金投入方面。苏蔷（2009）指出仅靠上级政府和国家的资金投入是远远不够的，还需要全社会投入更多的关注❸。董世华（2013）提出要积极鼓励社会力量参与农村寄宿制学校建设，构建社会捐赠激励机制，拓宽资金来源渠道❹。在驻校社工建设方面，彭迪（2011）提出引进驻校社工也是将社会工作人本化的理念引入农村寄宿制小学的学生管理中的一个表现，促进学生、教师、家长、社工四方面互动，促进农村寄宿制学校传统教育模式的改变❺。陈佳（2012）认为驻校社工能够准确地了解学生需求、深刻感受学生内心，让学生获得应得的教育资源，实现最大可能的成就，促进教育机会均等的实现❻。

（六）关于学生学校适应性研究的评述

通过对上述文献的整理分析，可以发现，近几年来小学生学校适应问题越来越得到相关学者的关注。已有的研究涵盖了学校适应性的诸多方面。从学校适应性分类看，有学习适应、生活适应和情感适应等。从影响学校适应性的因素上看，目前的研究成果已经涉及学生个人、家庭和学校三类特征变量的影

---

❶ 黄汉如，罗增雄.关于中小学校布局调整的思考[J].当代教育论坛，2006（3）：50.

❷ 赵丹，王怀秀，吴宏超. 农村学校布局调整对县域义务教育均衡发展的影响与对策研究——基于西北地区 Y 县的实证调查[J]. 西部学刊，2014（4）：38−41.

❸ 苏蔷. 农村寄宿制小学学生学校适应状况研究——以 Y 省 X 县为个案[D]. 长春：东北师范大学，2009.

❹ 董世华. 重构农村寄宿校经费保障机制[N]. 中国教育报，2013−10−24（005）.

❺ 彭迪. 驻校社工，阳光般陪伴孩子们成长[J]. 社会与公益，2012（7）：29.

❻ 陈佳，曾富生，陈瑶，等. 学校社会工作介入农村寄宿制小学的探讨[J]. 赤峰学院学报：科学教育版，2011（9）：227−229.

响。从提高学生学校适应性的措施来看，已有研究涉及了方方面面，包括学生家庭功能的提高。学校的建设和管理、政府的相关政策以及社会力量对学校建设的参与等。

尽管如此，但是由于时代在变化，伴随着农村义务教育学校布局调整的深入，农村小学生尤其是低年级小学生的寄宿逐渐兴起，这是我国农村教育发展的必由之路，也是我国农村教育的新探索，我国对于低龄寄宿生学校适应性的研究目前还处于初始阶段，具体来讲，目前的研究还存在以下一些不足之处，尚待进一步研究。

第一，目前国内学术界在农村义务教育研究方面，大部分文献较多关注的是农村寄宿制学校的建设和管理问题以及整个小学生寄宿群体的学校适应性问题，单独对农村小学生群体中的低龄学生寄宿研究较少，更没有把农村低龄寄宿生的学校适应性放在教育均衡发展的大背景下去考虑。

第二，根据已有的文献显示，国内学者对农村寄宿制学校小学生的学校适应性的研究大多是对某一方面的调查研究，且多集中研究小学生的学习适应状况，而这只是学校适应问题研究的一个方面，不能囊括学校适应的所有问题。系统地研究农村寄宿制小学生尤其是低龄学生的学校适应状况的实证研究不多。

第三，已有研究中，对如何通过现有农村寄宿制学校进行制度安排以保障低龄寄宿生公平接受义务教育的研究虽有涉足，但关注力度还有待加强。针对学校适应性问题提出的解决策略一般也都是以政府和学校为主导，而较少关注如何培养学生群体的适应环境能力。

第四，国外的相关研究关注的重点在寄宿生的心理适应情况以及寄宿制学校对学生的身心发展和人格培养等方面。这些研究并没有过多关注寄宿制学校学生的学习效果。同时，由于国外寄宿制学校多是私立性质，因此，教学的软硬件设施相对优良，也就较少存在因教学设施配备简陋，服务不完善而造成学生适应不良的问题。

根据文献梳理中发现的研究盲点，为使农村低龄寄宿生在寄宿制学校中可以获得更好的成长，保证低龄寄宿生公平接受义务教育，促进义务教育的均衡发展，本研究拟对小学1—4年级，年龄在6—11岁的农村低龄寄宿生的学校适应状况展开调查，并对影响农村低龄寄宿生学校适应性的因素进行实证分析，最后提出了提高学生适应能力的对策建议。

四、理论依据

（一）教育公平

教育公平是社会公平的基础和前提条件，我国在促进社会公平的过程中高度重视教育公平问题，并将其提升到了战略高度。美国的科尔曼（Coleman，James S.）认为教育公平主要包括四层含义：第一，向人们提供达到某一规定水平的免费教育；第二，对所有儿童，不论社会背景如何，提供普通课程；第三，为不同社会背景的儿童提供进入同样学校的机会；第四，在某一特定地区范围内教育机会一律平等[1]。关于教育公平问题，在马克思主义经典著作中有过这样的论述，教育的平等主要表现在两个方面：一是从公民自身的权利来说，这是每个公民都拥有的一项基本平等权利，这是教育公平的起点；二是从人的长远发展来说，每个人的能力、智力都能得到自由全面的发展，这是教育公平的结果。马克思主义教育公平观是在社会主义社会的制度前提下人人都有平等机会接受教育的宣言，是指导我国教育公平顺利进行的指导思想，给我们今天发展社会主义教育事业指明了方向[2]。2010年《国家中长期教育改革和发展规划纲要（2010-2020年）》首次提出把促进教育公平作为国家的基本教育政策。强调教育公平是社会公平的重要基础，教育公平的关键是教育机会公平，基本要求是保障公民依法享有受教育的权利，重点是促进义务教育均衡发展和扶持困难群体，根本措施是合理配置教育资源，重点是向农村地区、边远贫困地区和民族地区倾斜，加快缩小教育差距。一般来讲，教育公平可分为三个阶段：起点上、过程中和结果的公平。起点上的公平即入学机会的公平，是指每个人不受性别、种族、出身、经济地位、居住环境等条件的影响，均有开始其学习生涯的机会。过程中的公平主要体现在客观因素和主观因素两个方面。客观因素是指教育资源的配置，包括师资的配备、物质条件的配备和教育内容的提供。主观因素是指不同家庭背景出身和不同天资条件的学生，在学校期间都应受到教师的同等对待，享受符合其能力发展的平等教育机会。结果的公平是指学生走出校门时获得相同的学业成就，从而使不同家庭背景出身的学生、不同地区的学生、不同性别的学生，在起点上的差别得以消除，实现"实质上的平等"[3]。

[1] 郭国强. 教育公平视野中的基础教育发展失衡问题之研究[D]. 上海：上海师范大学，2009.
[2] 毛燕. 当代中国教育公平的问题及对策研究[D]. 石家庄：河北师范大学，2013.
[3] 程晓樵. 教育机会均等概念的跨文化分析[J]. 南京师大学报，2004（6）：58-64.

教育公平的原则包括平等原则、差异原则和补偿原则。

（二）义务教育均衡发展

　　义务教育均衡发展是实现教育公平和社会公平的重要途径，是促进社会公平的基础与核心环节。当前，促进义务教育均衡发展，已成为党和国家确立的我国在新的历史时期教育发展的战略方针[❶]。2010 年，《国家中长期教育改革和发展规划纲要（2010–2020 年）》指出均衡发展是义务教育的战略性任务。2012 年的《国务院关于深入推进义务教育均衡发展的意见》强调要充分认识义务教育均衡发展的重要意义。党的十八大报告亦特别指出"提高教育质量，推动义务教育均衡发展"。从本质上来说，"教育均衡发展"是我国义务教育发展的重要理论基石，它要求在教育公平思想和教育平等原则的支配下，不同地区之间、城乡之间、学校之间、群体之间的义务教育资源必须均衡配置，为每一个受教育者提供均衡的教育和发展机会[❷]。在中观层次上，义务教育群体均衡作为教育均衡发展的一个层面，是指各级政府要保证教育资源在不同教育群体之间合理和有效地均衡配置。这一层面的"均衡"特别关注义务教育阶段的弱势群体——如贫困儿童、留守儿童、农村寄宿生、流动儿童等是否能够公平地享受同等质量的教育资源。

　　义务教育均衡发展的最基本要求是在教育机构和教育群体之间，公平配置教育资源，达到教育供给和教育需求的相对均衡[❸]。"均衡"不等于"均等""平均"，义务教育均衡发展不是要求所有学校都处于同一发展水平，其目标是不同地区的学校发展与当地经济发展水平相一致。我们所追求的均衡发展是能够促进义务教育实现良性发展，并非所有学校都遵循同一个标准的绝对均衡发展。义务教育均衡发展也不是"削峰填谷"式发展，而是"填谷"的同时促进"峰"朝着更高水平发展，即加强薄弱学校建设的同时，也要注重优势学校的发展。

111

---

❶ 范先佐，曾新，郭清扬. 义务教育均衡发展与农村中小学教师队伍建设[J]. 教育与经济，2013（6）：36–43.

❷ 翟博. 教育均衡论——中国基础教育均衡发展实证分析[M]. 北京：人民教育出版社，2008.

❸ 范先佐. 义务教育均衡发展与农村教育难点问题的破解[J]. 华中师范大学学报（人文社会科学版），2013，52（2）：148–157.

五、相关概念界定

（一）农村

农村是指以从事农业生产为主的劳动者聚居的地方。在我国，对人口的划分主要为"农村、城镇"，我国现行教育事业统计口径以国务院关于市镇建制的规定和我国的行政区划为基础，以民政部门确认的居民委员会和村民委员会为最小划分单元，以"城市、县镇、农村"划分。其中县镇是指在城市以外的县镇和其他区域中，县镇所辖的居民委员会地域；县镇的公共设施、居住设施等连接到的村民委员会地域；常住人口在 3000 人以上独立的工矿区、开发区、科研单位、大专院校、农场、林场等特殊区域。农村是指城市、县镇以外的其他区域。为了与教育事业统计指标口径一致，本研究所指的"农村"包括县镇和农村。

（二）低龄寄宿生

随着农村中小学布局调整的不断推进，寄宿学校的需求面也越来越广，寄宿的需求也由当初的小学高年级向低年级开始蔓延，近几年来，甚至幼儿园教育也出现了寄宿的现象，随着社会的发展和教育布局的日趋完善，寄宿情况将更加明显，这一趋势也在笔者的实际调研中得到了证实。本文的低龄寄宿生是指小学 1—4 年级，年龄在 6—11 岁，他们由于上学远、家庭贫困、父母外出务工等原因，不得不选择寄宿。

（三）学校适应性

学校适应性是一个广义的、多维的概念，不同的学者对其有不同的界定。李辉等（2006）曾对此做过整理及归类，将学校适应性分为下列 4 类：（1）强调学生与学校环境互动的过程。例如，Birch（1989）认为学校适应不仅指学生的学校表现，而且包括学生对学校的情感或态度及其参与学校活动的程度。（2）强调学生与学校环境互动的结果或状态。例如，陈君在论文中提到学校适应性是学生和学校环境、学校活动相互作用的结果，个体良好的学校适应性表现在能够基本达到学校的教育目的，顺利完成学业，学会和人进行沟通交流，树立正确的人生观价值观，获得健康的人格等。（3）学校适应性是学生与学校环境互动的技能与方式。例如，刘万伦（2004）认为学校适应性是指学生在学校的学业行为、学校参与、情感发展、人际交往等方面的情况。（4）综合观点，学校适应性既是人与环境互动的过程，又是人与环境互动后的结果。例如，Ladd（1996）认为学校适应性就是在学校背景下愉快地参与学校活动并获得学业成功的状况。❶综合之前学者的研究，本文采用 Zettergren（2003）的定义，"简单地说，学校适应就是学生在学校中是否感觉到舒适"，将学校适应性操作定义为学生在学校环境与活动中自我感觉到的舒适、满意、适宜的程度。同时，❷并依据目前大多数学者的研究，将学生的适应分为学习适应性，生活适应性和情感适应性。

六、研究方法与数据来源

（一）研究方法

在研究方法方面，根据本文的研究需要，将采用定性研究和定量研究相结合的研究方法。

（1）文献分析法

进行相关文献的收集与分析是开展此项研究的基础。通过文献梳理，了解本问题的研究现状和趋势，确立本研究的切入点和理论分析基础。资料的搜索主要包括两个方面：已有调查报告与理论研究成果以及相关的政策法规。

（2）调查法

选取陕西省太白县和宁强县为调研区域，随机抽样和整群抽样相结合抽取调查对象，以问卷为主，辅之以访谈方式收集数据资料。调查对象为两县13所农村寄宿制小学的低龄寄宿生，并对教师、学校管理者、部分学校后勤管理人员、学生家长进行访谈。此外，通过面对面地交往，实地考察低龄寄宿生的日常生活状态和过程，了解低龄寄宿生所处的环境以及环境对他们产生的影响，明晰低龄寄宿生学校适应不良的表现及原因，为促进农村低龄寄宿生尽快适应学校生活提供实证依据。明晰低龄寄宿生学校适应性的表现及影响因素，进而进一步提出促进低龄寄宿生适应学校学习和生活的对策建议。

（二）数据来源

项目组于陕西省太白县和宁强县，采用简单随机抽样的方法，对13个小学的部分寄宿生进行调查，共发放给1—4年级学生问卷946份，其中太白县592份、宁强县354份，经整理，剔除残缺、无效问卷，回收有效问卷865份，问

113

❶ 李辉，朱丽芬，李梅. 大学生学校适应性研究综述[J]. 云南师范大学学报（哲学社会科学版），2006（2）：125—127.

❷ Zettergren P. School Adjustment in Adolescence for Previously Rejected，Average and Popular Children[J]. British Journal of Educational Psychology，2003，73（2）：207–221.

卷有效率为 91.44%。

低龄寄宿生的学习生活以不适应居多，占 69.34%，适应的占 10.36%，无所谓的占 20.3%。两县对比发现，太白县低龄寄宿生学习生活不适应占 74.16%，宁强县则为 61.30%。被调查者的其他相关信息详见表 1.1。

表 1.1 样本县低龄寄宿生学校适应性基本情况

学校适应性	太白县		宁强县	
	频数	占比（%）	频数	占比（%）
适应	64	10.81	34	9.60
不适应	439	74.16	217	61.30
无所谓	89	15.03	103	29.10
合计	592	100.00	354	100.00

七、逻辑思路与结构安排

（一）逻辑思路

随着农村中小学布局调整，农村学生上学远的问题更加突出，为了克服偏远农村学生由于学校撤并而不得不承受的上学远问题，全国农村寄宿生群体规模呈现出逐步扩大的趋势。然而，与集中办学和寄宿制学校的广泛建设相伴而生的不仅是越来越多的孩子离开家开始全新的寄宿生活，而且寄宿生低龄化趋势出现。这些低龄寄宿生过早离开家庭开始独立生活，往往会出现学校适应不良的问题。那么，什么是农村低龄寄宿生？什么是学校适应性？学校适应性又分为哪几类？我国农村低龄寄宿生是如何产生和发展的？具有哪些基本特征？低龄寄宿生学校适应性如何？存在什么问题？为什么存在这些问题？影响低龄寄宿生学校适应性的因素又有那些？又该如何提高西北农村低龄寄宿生学校适应性的水平？本文在借鉴前人研究和对陕西省太白县、宁强县 13 所小学的部分寄宿生调查的基础上，按照以上逻辑思路，在教育均衡视角下，从理论和实践相结合的角度，对上述问题进行了全面、深入的研究，并结合我国农村的实际，提出了进一步提高西北农村低龄寄宿生学校适应性的对策思路。

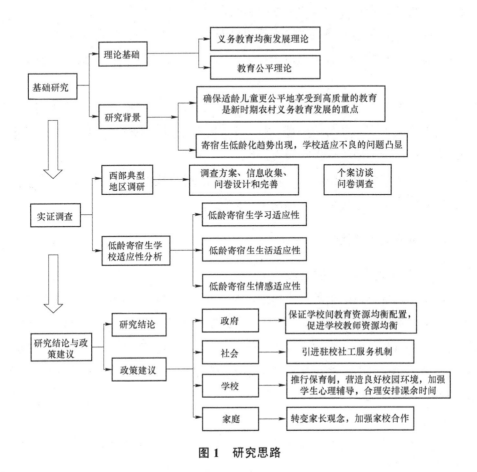

图 1 研究思路

（二）结构安排

本文共分为六节：

第一节主要是确定论文所要研究的问题，阐明研究目的和意义，并深入分析了国内外关于学生适应性的研究现状，对相关概念进行了界定，确定了本文的研究方法和基本研究思路。

第二节主要阐述我国农村低龄寄宿生产生的政策背景和现实背景，并从低龄寄宿生的学习适应性、生活适应性和情感适应性三方面描述低龄寄宿生学校适应性的现状。

第三节主要在 Linda Stanley 等人提出的学生学校适应性模型基础上，结合义务教育阶段群体均衡的视角，建立了基本理论模型，采用 Binary Logistic 回归方程探讨低龄寄宿生学习适应性的影响因素并进行了详细分析。

第四节主要在马斯洛需要层次理论以及个人——环境互动理论的基础上，建立了基本理论模型，采用 Ordinal 回归方程探讨低龄寄宿生生活适应性的影响因素。

第五节主要在拉扎勒斯情感适应理论基础上，结合低龄寄宿学生的实际以及本次调查数据中可获得的变量，建立基本模型，采用 Ordinal 回归方程来探讨低龄寄宿生情感适应性的影响因素。

第六节主要针对我国西北农村低龄寄宿生学校适应性存在的问题，就进一步提高低龄寄宿生学校适应性提出了相应的对策思路。

八、研究的创新性

（一）研究视角和领域的创新

从义务教育群体均衡的理论视角，对西北地区农村低龄寄宿生学校适应性的问题进行系统研究，揭示农村低龄寄宿生学校适应性状况及影响因素。同时，国内学者对农村低龄寄宿生学校适应性影响因素的直接研究仍十分有限，多是针对全体小学生或初中学生学校适应性影响因素进行分析，在国内属于新的研究领域。

（二）理论创新

采用教育均衡理论和群体均衡理论，深入分析低龄寄宿生学校适应性的影响因素，并采用教育经济学、教育财政资源配置的理论，尝试运用专业社会工作者的介入更好地解决农村低龄寄宿生的学校适应状况，从学校、家庭、个人三方面介入来提升寄宿小学生的学校适应能力。

（三）研究方法创新

国内关于全体小学生或初中学生学校适应问题的少数研究侧重规范研究或描述性统计分析，缺少定量研究。本研究运用 Binary Logistic 回归模型和 Ordinal Logit 回归模型，在学习适应性、生活适应性和情感适应性三方面，对农村低龄寄宿生学校适应性的影响因素进行分析，是本研究的方法创新。

第二节　农村低龄寄宿生产生的背景与问题

一、农村地区寄宿制学校及低龄寄宿生存在的背景

（一）政策背景

在 20 世纪 90 年代中后期，"普九"过程中广大农村地区随着计划生育政策的落实，农村学龄人口不断减少。同时，伴随着农村剩余劳动力的大量流动和城镇化步伐的加快，我国农村地区不少学校出现生源明显不足的状况，部分学校因没有生源而被迫关闭。国务院在 2001 年颁布了《国务院关于基础教育改革与发展的决定》。该政策规定："因地制宜调整农村义务教育布局，按照小学就近入学，初中相对集中、优化教育资源配置的原则，合理规划和调整布局……。在有需要又有条件的地方，可举办寄宿制学校。"这是首次以文件的形式将寄宿制学校的范围扩大到全国范围内有需要的地方。国务院同年也把农村中小学教育的布局调整作为重心，从 2001 年开始，我国各地政府纷纷针对当地中小学教育现状制定调整的规划，以期对教学质量差、办学条件恶劣的学校予以整改、合并或者撤销。随着农村中小学布局调整，农村学生上学远的问题更加突出，全国农村寄宿生群体规模呈现出逐步扩大的趋势。为了克服偏远农村学生由于学校撤并而不得不承受的上学远问题，2004 年国务院公布的《2003 年—2007年教育振兴行动计划》强调"以实施'农村寄宿制学校建设工程'为突破口，加强西部农村初中、小学建设"。2004 年中央财政投入资金 100 亿元，帮助西部地区新建、改扩建一批以农村初中为主的寄宿制学校；同时，在合理布局、科学规划的前提下，加快对现有条件较差的寄宿制学校和不具备寄宿条件但有必要实行寄宿制的学校进行改建或扩建的步伐，使确需寄宿的学生能进入具备基本条件的寄宿制学校学习。

（二）现实背景

1. 寄宿制学校满足了家长高质量教育的期待

从目前农村的教育现状来看，现有的条件根本不能满足农村学生的教育需求以及农村家长对于高质量教育的期待，所以一些家庭经济条件较为优越的家长会比较早地就把孩子送去寄宿，接受更高质量的教育，而在从众心理的作用下，许多家庭也会选择寄宿学校，学生自身也会受到从众的影响，央求父母把

自己送到寄宿制学校。

2. 寄宿制学校代替家庭教育让家长放心

对于农村家庭而言，文化程度和家庭环境的原因，导致教育意识的缺乏和教育方法的不当，没有能够承担起启蒙孩子的功能。他们都是靠种地谋生，在农忙时节，根本没有足够的时间来照顾孩子。连孩子的生活都照顾不了的他们更不用说接送孩子上下学。所以，把孩子送到学校寄宿，也是一种无奈之举。

越来越多的农村剩余劳动力流入城市，而很多孩子留在农村，由祖父母、外祖父母照料，祖辈容易对孩子造成溺爱和放纵，使孩子错失形成良好行为习惯和优良品质的机会。父母不在身边导致家庭生活和教育的缺陷，使孩子无法享受正常的亲情关爱。寄宿制学校可以解决留守儿童无人照看、学习和安全得不到保障的问题，解除进城务工农民的后顾之忧。寄宿制学校能给予更多的关爱与帮助，将会在很大程度上弥补他们家庭教育上的缺憾并保证他们公平接受教育。

3. 寄宿制学校解决了上学路远交通隐患

特殊的地理条件和人口分布客观上造成了学生上学远的事实，布局调整人为地又制造了学生上学路途变远、交通安全隐患增加的矛盾。解决学生上学远的问题目前通行的主要做法就是实行寄宿制和校车接送。然而有限的校车无法兼顾每一位学生，仍有许多家住偏远地区的学生无法乘坐校车。因此寄宿制学校就成为唯一选择。

4. 寄宿制学校是客观条件下的无奈选择

各地对农村义务教育学校进行了布局调整和撤并，改善了办学条件，优化了教师队伍配置，提高了办学效益和办学质量。但同时，农村义务教育学校大幅减少，使学生被迫异地住宿求学。

二、对于低龄寄宿学生学校适应性方面的问题

（一）学习适应性

1. 学习任务重

农村寄宿制学校寄宿生的课余生活以学业为主，存在超负荷学习的现象。调查发现，学校为加强寄宿生的管理，把学生在校时间排得非常紧凑，严格的早自习和晚自习，使寄宿制学生很少有自主的课外活动时间，课本知识的学习

几乎成了一天生活的全部内容，很多时候甚至要挤占课下的时间来完成繁重的课业任务。家住太白县塘口村的一名四年级的寄宿生，在规定时间完成不了作业，所以只能放弃寄宿，每天由家长接送回家，因为走读生作业相对轻松些。通过问卷，我们发现，对于课余时间的满意程度，"很不好"和"不太好"的学生占 44.32%，选择"一般"的占 22.09%。从表 2.1 中可以发现，随着年级的上升，选择"很不好"和"不太好"的学生比例也在增大。这说明，随着年级上升，学生学业负担加重，课余时间减少。

表 2.1　课余时间满意度

	很不好	不太好	一般	比较好	非常好	合计
一年级	0	1	2	4	1	8
	0.00%	12.50%	25.00%	50.00%	12.50%	100.00%
二年级	1	3	3	7	0	14
	7.14%	21.43%	21.43%	50.00%	0.00%	100.00%
三年级	71	133	96	135	19	454
	15.64%	29.30%	21.15%	29.74%	4.19%	100.00%
四年级	39	99	72	77	20	307
	12.70%	32.25%	23.45%	25.08%	6.51%	100.00%
总计	111	236	173	223	40	783
	14.18%	30.14%	22.09%	28.48%	5.11%	100.00%

2. 学业成绩不佳

农村低龄寄宿生学习成绩不佳，学业不良情况较为严重。调查发现，有相当一部分低龄寄宿生在考试中经常出现一门或几门功课不及格的现象，如表 2.2 所示，合计 69.35% 的学生成绩处于中等及以下水平。不完成作业或抄作业的行为也比较普遍，学生遇到学习上的难题，因性格内向不能及时向老师或同学请教，这样随着学习知识难度的不断加深，在学习上的困难越来越大，越不懂就越不愿意学习，导致厌学情绪加重。

表 2.2 学业成绩

	下等	中下等	中等	中上等	上等	合计
一年级	3	4	1	1	4	13
	23.08%	30.77%	7.69%	7.69%	30.77%	100.00%
二年级	1	13	2	2	3	21
	4.76%	61.90%	9.52%	9.52%	14.30%	100.00%
三年级	131	218	53	75	105	582
	22.51%	37.46%	9.10%	12.89%	18.04%	100.00%
四年级	71	118	41	48	52	330
	21.51%	35.76%	12.42%	14.55%	15.76%	100.00%
总计	206	353	97	126	164	946
	21.78%	37.32%	10.25%	13.32%	17.34%	100.00%

3. 讲课质量不高

研究发现，由于农村寄宿制学校教师兼任多门课程，备课讲课任务繁重，且很多教师"教非所学"，教学质量差，导致学生反映效果不佳（如表 2.3 所示）。

表 2.3 教师讲课质量

	很不好	不太好	一般	比较好	非常好	合计
一年级	7	4	0	0	2	13
	53.85%	30.77%	0.00%	0.00%	15.38%	100.00%
二年级	8	12	0	0	1	21
	38.10%	57.14%	0.00%	0.00%	4.76%	100.00%
三年级	194	197	41	59	89	580
	33.45%	33.97%	7.07%	10.17%	15.34%	100.00%
四年级	132	96	16	40	42	326
	40.49%	29.45%	4.91%	12.27%	12.88%	100.00%
总计	341	309	57	99	134	940
	36.28%	32.87%	6.06%	10.53%	14.26%	100.00%

（二）生活适应性

1. 生活自理能力不高

低龄寄宿生的自理能力很差。在日常生活中,如果没有生活老师从旁协助,很难照顾自己。调查中我们发现,由于低龄寄宿生数量多,而生活老师数量有限,工作繁重,根本没有办法照顾到每一个学生。同时,低龄寄宿生年龄小,接受能力有限,即使在老师的教导下也很难马上学会一系列的生活技能。调查发现,在所有的被调查对象中有 48.63% 的学生反映生活自理能力不强,研究进一步发现,表 1.1 中 98 名学校适应性较好的学生中,也有 51.1% 的学生认为自理能力不强。如表 2.4 所示,低龄寄宿生自理能力存在普遍不佳的情况。

表 2.4　生活自理能力

	很不好	不太好	一般	比较好	非常好	合计
一年级	3	3	0	4	1	11
	27.27%	27.27%	0.00%	36.36%	9.10%	100.00%
二年级	5	4	6	2	4	21
	23.81%	19.05%	28.57%	9.52%	19.05%	100.00%
三年级	134	157	103	66	104	564
	23.76%	27.84%	18.26%	11.70%	18.44%	100.00%
四年级	69	68	61	68	49	315
	21.90%	21.59%	19.37%	21.59%	15.55%	100.00%
总计	211	232	170	140	158	911
	23.16%	25.47%	18.66%	15.37%	17.34%	100.00%

121

2. 学校设施服务满意度低

学校设施服务是学生生活学习的基础因素。由于教育资源配置不均衡,农村寄宿制学校建设不完善,宿舍环境差,学校食堂提供的菜少,学生基本生活质量不高,学校的安全、卫生保障也不能满足实行寄宿制的需要,导致低龄寄宿生对学校设施服务满意度低（如表 2.5 所示）。

表 2.5　学校设施服务满意度

	很不好	不太好	一般	比较好	非常好	合计
一年级	1	8	1	0	3	13
	7.69%	61.54%	7.69%	0.00%	23.08%	100.00%
二年级	4	12	1	1	3	21
	19.05%	57.14%	4.76%	4.76%	14.29%	100.00%
三年级	94	273	33	73	103	576
	16.32%	47.40%	5.73%	12.67%	17.88%	100.00%
四年级	59	153	15	44	55	326
	18.10%	46.93%	4.60%	13.50%	16.87%	100.00%
总计	158	446	50	118	164	936
	16.88%	47.65%	5.34%	12.61%	17.52%	100.00%

（三）情感适应性

1. 家庭教育缺失

家庭亲情是孩子成长的原动力，家庭亲情缺失、家庭教育功能的非连续性，势必影响寄宿生良好心理品质的形成❶。据调查发现，寄宿生平时和父母见面的机会相对较少，他们直接得到的亲情也较少，没有了亲情的保护，弱小的孩子会失去安全感，不同程度地存在着心理问题。在个别寄宿生身上甚至出现了厌学、行为偏激等现象，这些都严重影响了学生的身心健康。学校也还未建立起有效的寄宿生在校反馈机制，学生的在校信息很难及时传递给家长，家长难以及时获悉孩子在校的情况，也就无法帮助他们排解在学业或情感上出现的问题。

2. 同伴关系一般

由于环境、角色的改变，心智发展尚未成熟的寄宿生会显得有些不适应，由于性格内向和同伴也不能良好的交流。不良的同伴关系对儿童是一种压力性的体验——这种体验本身和伴随的缺乏社会支持使得儿童在面临其他生活

122

❶ 李军，刘凤华. 河北省农村低龄寄宿教育的现状与策略[J]. 衡水学院学报，2012（3）：94-96.

压力时更加脆弱[1]。与同学相处情况中表示相处得不好的学生占到 59.30%（见表 2.6）。

表 2.6　与同学相处情况

	很不好	不太好	一般	比较好	非常好	合计
一年级	5	5	0	1	2	13
	38.46%	38.46%	0.00%	7.69%	15.39%	100.0%
二年级	4	7	1	3	6	21
	19.05%	33.33%	4.76%	14.29%	28.57%	100.0%
三年级	160	191	79	67	85	582
	27.49%	32.82%	13.57%	11.51%	14.61%	100.0%
四年级	82	107	50	25	66	330
	24.85%	32.42%	15.15%	7.58%	20.00%	100.0%
总计	251	310	130	96	159	946
	26.53%	32.77%	13.74%	10.15%	16.81%	100.0%

第三节　农村低龄寄宿生学习适应性分析

一、构建模型

在 Linda Stanley[2]等人提出的学生学校适应性模型基础上，结合义务教育阶段群体均衡的视角，本研究建立了如下基本理论模型来分析影响低龄寄宿生学习适应性的因素：

$$Y_1 = f(F, I, S) \tag{I}$$

在模型 I 中，Y_1 代表低龄寄宿生学习适应性，为二分类变量；F 代表家庭特征变量；I 代表低龄寄宿生个体特征变量；S 代表低龄寄宿生学校特征变量；

---

[1] 邹泓. 同伴接纳、友谊与学校适应的研究[J]. 心理发展与教育，1997（3）：55.

[2] Stanley L R，Comello M L G，Edwards R W，et al. School Adjustment in Rural and Urban Communities: Do Students from "Timbuktu" Differ from Their "City Slicker" Peers?[J]. Journal of Youth & Adolescence，2007，37（2）：225-238.

采用 Binary Logistic 回归方程分析低龄寄宿生学习适应性的影响因素。根据已有文献，影响学生学校适应性的原因很多，最主要体现在两个方面：家庭和学校。在家庭因素中，亲子关系是一个重要因素。大部分适应有困难的儿童来自单亲家庭，另外，不当的父母教养方式也是导致儿童适应不良的家庭因素。经过进一步分析，学者们认为家庭因素对学生的适应性提供了可能性，而影响学校适应性的最直接的因素是学校。所以，良好的师生关系和学校的人性化设施亦是影响学生学校适应性的重要因素。

根据 Binary Logistic 定义，影响低龄寄宿生学习适应性的影响因素有 15 个，分别是 x_1，x_2，…，x_{15}。其中 π 代表低龄寄宿生学校适应的概率，β_0 表示截距项，β_1，…，β_{15} 分别表示相应影响因子的回归系数。根据此可构建计量模型：

$$\pi = \frac{e^{\beta_0 + \beta_1 x_1 + \beta_2 x_2 + \cdots + \beta_{15} x_{15}}}{1 + e^{\beta_0 + \beta_1 x_1 + \beta_2 x_2 + \cdots + \beta_{15} x_{15}}}$$

具体的研究假设为：

（1）模型 1 主要考察家庭经济情况对其学习适应性的影响。家庭经济状况决定学生享受教育和生活资源的质量，进而影响学习适应性。（2）模型 2 加入考察低龄寄宿生父母受教育程度对其学习适应性的影响。父母文化修养层次的不同，导致了家庭教育的不同。（3）模型 3 加入考察父母不同的职业。不同的职业因其有不同的特点，会带来不同的家庭环境、学习条件、学习气氛等，所以就会对低龄学生的心理发展产生不同影响。（4）模型 4 加入考察个体特征变量的影响。其中用"是否经历学校合并"这一变量来解释大量村小和教学点被撤并对被迫寄宿的低龄学生的影响。（5）模型 5（最后选择的全模型）加入考察学校特征变量。学校是低龄寄宿生学习和生活的主要场所，学校从各个方面直接或间接地影响着学生的全面发展。

二、变量描述及赋值

因变量：低龄寄宿生生活适应性，测量题目为：你认为自己的学习生活怎么样？选项为（1）适应（2）不适应，根据 Binary Logistic 模型的定义在数据处理中"适应"赋值为 1，"不适应"赋值为 0。

文中因变量：当低龄寄宿生适应学习生活时，取值 1，当低龄寄宿生不适应学习生活时取值 0。

家庭背景变量、个体特征变量和学校特征变量共包含的 15 个变量采取的度量方法主要是李克特 5 分量表法,对每个答案给相应分数,对与学习适应性有正向作用的因素从非常同意到非常不同意分别赋值 5、4、3、2、1,对负向作用的因素从非常同意到非常不同意分别赋值 1、2、3、4、5。变量解释和说明详见表 3.1。

表 3.1 变量说明和描述统计

项目	变量在模型中含义的具体说明	均值	标准差
家庭背景			
是否是独生子女	虚拟变量:独生子女=1 非独生子女=0	0.18	0.38
家庭能否承担上学费用	完全能承担=4 刚好能承担=3 稍微困难点=2 非常困难=1	3.19	1.15
母亲教育程度	没上学=1 小学=2 初中=3 高中=4 大专及以上=5	3.20	1.36
母亲工作情况	农民=1 公务员(村干部、教师)=2 工人=3 做生意=4 其他=5	2.60	1.99
父亲教育程度	没上学=1 小学=2 初中=3 高中=4 大专及以上=5	3.20	1.45
父亲工作情况	农民=1 公务员(村干部、教师)=2 工人=3 做生意=4 其他=5	2.60	1.89
个体特征			
自理能力	很不好=1 不太好=2 一般=3 比较好=4 非常好=5	2.78	1.41
学业成绩	很不好=1 不太好=2 一般=3 比较好=4 非常好=5	2.67	1.41
是否经历学校合并	虚拟变量 是=1 否=0	0.75	0.43
与同学相处情况	很不好=1 不太好=2 一般=3 比较好=4 非常好=5	3.58	1.41
学校特征			
学校设施服务水平	很不好=1 不太好=2 一般=3 比较好=4 非常好=5	2.67	1.37
教师讲课质量水平	很不好=1 不太好=2 一般=3 比较好=4 非常好=5	2.34	1.42

续表

项目	变量在模型中含义的具体说明	均值	标准差
教师对学生关爱程度	很不负责=1 不太负责=2 一般=3 比较负责=4 非常负责=5	3.80	1.18
课余时间满意度	很不好=1 不太好=2 一般=3 比较好=4 非常好=5	3.20	1.15
教师与家长沟通频率	从来没有=1 很少=2 不确定=3 有时=4 经常=5	3.00	0.97

　　从家庭背景特征可发现,有82.2%的低龄寄宿生为非独生子女,其中有52.3%的低龄寄宿生家庭有3个孩子,有51.7%寄宿生认为家庭能够承担其上学费用,表明上学费用仍对农村家庭造成压力。寄宿生父母的学历多集中于初中教育水平,分别占比29.7%和32.9%,而且从整体上看母亲受教育水平略好于父亲,父母职业为农民的占比分别为48.6%和54.8%。在个体特征中,发现59.3%的低龄寄宿生认为和同学相处不融洽,有59.1%的低龄寄宿生学习成绩不太好,有48.6%的学生认为自己自理能力不强,有75.1%的学生经历过学校合并。在学校特征中发现,有64.5%认为学校设施服务水平不高,仅有24.8%的学生认为老师讲课质量不错,但有76.4%的低龄寄宿生认为学校老师对比较关心他们,有55.7%的寄宿生感觉课余时间不够,有34.6%的人认为学校老师和家长沟通较多。

三、逐步回归及结果分析

表3.2　模型逐步回归及结果❶

主要解释变量	单独考察基础变量的影响（模型1）	加入父母教育水平的影响（模型2）	加入父母工作情况的影响（模型3）	加入个体特征变量的影响（模型4）	加入学校特征变量的影响（模型5）
家庭背景变量					
是否是独生子女	−0.381*	−0.108	−0.053	−0.060	−0.80
家庭能否承担学费	0.275***	0.296***	0.286***	0.233***	0.155
父亲受教育水平	—	−0.103	−0.074	−0.039	−0.091

---

❶ 模型1—5是模型（Ⅰ）的5个研究假设。

主要解释变量	单独考察基础变量的影响（模型1）	加入父母教育水平的影响（模型2）	加入父母工作情况的影响（模型3）	加入个体特征变量的影响（模型4）	加入学校特征变量的影响（模型5）
家庭背景变量					
母亲受教育水平	—	−0.147**	−0.109	−0.169*	−0.099
父亲工作情况	—	—	−0.011	−0.086	−0.086
母亲工作情况	—	—	−0.110**	−0.105	−0.160**
个体特征变量					
与同学相处情况	—	—	—	0.308***	0.275***
自理能力	—	—	—	0.156**	0.112
学业成绩	—	—	—	0.262***	0.180**
是否经历学校合并	—	—	—	−0.373***	−0.256**
课余时间满意度	—	—	—	0.325***	0.285***
学校特征变量					
学校设施服务水平	—	—	—	—	0.261***
教师讲课质量水平	—	—	—	—	0.104
教师对学生关爱程度	—	—	—	—	0.361***
教师与家长沟通频率	—	—	—	—	0.322***
常数项	−1.644***	−1.024***	−0.902***	−2.263***	−5.172***
R2	0.034	0.057	0.068	0.305	0.349
样本量	946	946	946	946	946

注：① ***，**和*分别代表1%，5%，10%的显著性水平。

模型5（最后选择的全模型）显示，对模型起显著影响的有8个变量，分别是母亲工作情况、与同学相处情况、学业成绩、经历学校合并、课余时间满意度、学校设施服务满意度、教师对学生关爱程度、教师与家长沟通的频率。其中"母亲工作情况"和"经历学校合并"对低龄寄宿生学习适应性有负影响，且"经历学校合并"比"母亲工作情况"的影响稍大；其余六个变量均对低龄寄宿生学校适应性有正影响，其中，"与同学相处情况"变量的影响最大，具体来说：

（1）模型1选取"性别""年龄""是否独生子女""能否承担学费"作为基础自变量。"性别"在模型Ⅰ以及全模型中对低龄寄宿生适应性影响不显著，其原因在于对于1—4年级低龄儿童来说，不管男孩还是女孩，由于年龄小，他们普遍面临较为严重的学校不适应问题。"年龄"在模型Ⅰ以及各个模型中对低龄寄宿生适应性影响不显著，表明低龄寄宿生普遍年龄较低，学习生活适应性较低，对学校适应性差。"是否独生子女"在模型Ⅰ中呈显著负影响，在全模型中显示对低龄寄宿生适应性有负影响，但不显著。原因可能在于独生子女在家受到关爱较多，生活自理能力、心理适应能力都相对较差，一旦转学进入寄宿学校，很难顺利适应新学校生活。这也和杨兆山等（2012）的研究结论一致，家庭对独生子女的溺爱和娇惯，使他们缺少独立生活能力和同伴间的交往能力，导致其消极适应问题更为突出。❶ "家庭能否承担学费"作为反映家庭经济水平的指代变量，对低龄寄宿生适应性具有正面影响，但在模型Ⅴ中不显著。其原因在于低龄寄宿生由于年龄较小，对于家庭经济能力没有很强的直观感受。同时由于模型Ⅴ中加入了学校特征变量，学校"两免一补"等补贴政策补偿了部分学生的家庭经济负担。

（2）模型2加入"父亲教育水平"和"母亲教育水平"变量。父母亲教育水平对低龄寄宿生适应性均具有负面影响，且母亲教育水平对其具有显著负影响。其原因在于，中国很多农村家庭，受男主外女主内儒家思想的影响，孩子的学习监督很大程度上是由母亲承担，因此母亲的文化水平对孩子的学习影响更大。在西部地区大多数父母的受教育水平普遍偏低，加之家庭中子女多情况普遍存在，孩子产生较差学习成绩的可能性更大。于守臣（1994）等的研究也表明，父母文化程度越高，其子女不仅学习成绩越好，心理素质也越好。

（3）模型3加入"父亲工作情况"和"母亲工作情况"变量。父母亲工作情况对低龄寄宿生学校适应性均具有负面影响，且母亲工作情况对其具有显著负影响。原因在于母亲为农民，要离家从事其他临时性工作，与孩子相处时间较少，霍如涛（1999）研究表明母亲与子女的直接交往情况对孩子的个性及心

---

❶ 杨兆山,高鹏.农村寄宿制学校低龄寄宿学生的适应问题与对策——基于中西部三省区的调查[J].现代教育管理,2012（7）.

理品质具有重要的影响，于守臣（1994）等的研究结论也支持了这一结果：父母职业差别是家庭教育影响的一个客观指标。李慧娟（2005）等的研究进一步表明，父母职业为农民的学生心理行为健康状况较差。因此，父母的职业因素对子女心理影响巨大。

（4）模型4加入的个体特征变量有：①"与同学相处情况"对低龄寄宿生学校适应性有显著正面影响，其原因在于，进入到新学校的低龄儿童如果与同学相处良好，在生活、学习、心理等方面更容易获得同伴帮助，因而对学校适应性产生积极影响。这也与Berndt，T.J.提出的"良好同伴关系对学生学校适应具有促进作用"[1]相一致。而且，该变量影响系数均大于其他变量，说明低龄寄宿生受到"与同学相处情况"的影响最大，这也进一步说明了良好的同伴关系对于低龄儿童的适应性提升作用更大。②"自理能力"对学校适应性有正面影响，在模型Ⅳ中显著但全模型中不显著。其原因在于，在不考虑学校特征变量时，自理能力越强的儿童，在进入寄宿学校之后的适应能力也越强。而当模型Ⅴ中加入学校特征变量后，学校的软硬件设施和服务质量以及教师辅导、关爱等因素的影响会给予低龄寄宿生很多有效的帮助，因而显著地影响到他们的适应能力。③"学业成绩"对低龄寄宿生学校适应性有显著正面影响，其原因在于学生学习成绩好就会受到老师、同学的关注，收到的正面评价就多，其自信心就强，因而更快适应寄宿生活。这与郑文珍的研究结论一致：学业不良的学生普遍自我效能感低下，缺少学习的信心，进而导致学校适应性不高。④"经历学校合并"对低龄寄宿生学校适应性具有显著负影响，其原因在于我国农村地区很多偏远小规模学校是在地方政府的"强制政策"下被迫撤并的，而合并后的大规模学校一般距离学生家庭很远，很多低龄儿童处于"不得不转学"的境遇，这种情况下的寄宿生活必然导致学生存有一种"无奈""自卑"心理，因而更容易产生不适应问题。这与Judith Kleinfeld[2]的研究一致。学校布局调整后，离家较远的学生被迫住校，生活环境由松散自由到强制规范，部分学生显得不适应。⑤"课余时间满意度"对低龄寄宿生学校适应性有显著正面影响。在所调查的低龄寄宿生中，学生在校时间非常紧凑，课本知识的学习几乎成为

129

---

[1] Berndt，T.J. The Features and Effects of Friendship in Early Adolescence[J]. Child Development，1982，53（6）：1447-1460.

[2] Judith Kleinfeld，Joseph Bloom. Boarding Schools：Effects on the Mental Health of Eskimo Adolescents[J]. Am J Psychiatry，1977（4）：134.

一天生活的全部内容，使学生对课余时间满意度较低，因而导致学校适应性较差。

（5）模型 5 加入学校特征变量的影响：①"学校设施服务满意度"对低龄寄宿生学校适应性具有显著正影响。其原因在于，学校设施服务是学生生活学习的基础因素，但由于我国县域义务教育资源配置仍存在不均衡问题，很多农村寄宿制学校建设不达标，教学设备不足、寄宿生活条件较差，这严重影响低龄寄宿生学校适应性。②"教师对学生关爱程度"对低龄寄宿生学校适应性有显著正面影响，低龄寄宿生对教师有很大的依赖性，教师对学生生活、学习方面的关爱和照顾有助于学生更快适应学校的生活，这与杨兆山、方怀胜❶、储小庆等的研究结论一致。这也进一步说明，农村寄宿制教师资源短缺且不均衡，生活教师严重不足，这就需要每位在岗教师及时了解学生困难，排除学生适应上的隐患。③"教师与家长沟通频率"对低龄寄宿生学校适应性有显著正面影响，这说明低龄学生在校住宿后，教师若能与每户家庭进行经常交流，使家长能够及时了解学生生活学习现状和情感变化，低龄寄宿生学校适应性就更强。④"教师讲课质量"对低龄寄宿生适应性有正面影响，其原因在于教师教学质量越高，学生的学习状态和效果就会越好，进而提升学生的自我效能感和学校适应性。这与杨兆山的研究结果一致，即教师讲课质量得到改善对低龄寄宿生适应性具有积极影响。

第四节　农村低龄寄宿生生活适应性分析

一、构建模型

马斯洛理论把需求分成生理需要、安全需要、归属与爱的需要、尊重的需要和自我实现的需要五类，各种需要的顺序一般遵循由高到低逐层排列。其中生理需要、安全需要、归属与爱的需要和尊重的需要都属于基本需要，显然对于寄宿生来说，如果他们处于饥饿、不安全、缺少爱、缺乏自信心的生活状态，显然不能在寄宿制学校中有良好的生活适应性。同时，根据卢谢峰的研究，作

---

❶ 方怀胜. 中小学生的学校适应及教师的指导[J]. 北京教育学院学报：社会科学版，2003，17（3）：46-49.

为人的生存状态，适应性是一种结果，是由个人变量，环境变量以及个人—环境的互动三方面的原因造成的。可公式化为：适应性=f（人格，环境）。结合本次调查数据中可获得的变量，本文建立如下基本模型来分析影响低龄寄宿生生活适应性的因素：

$$Y_2 = f(F, I, S, R) \tag{II}$$

在模型（II）中，Y_2 代表低龄寄宿生生活适应性，为定序变量；F 代表家庭特征变量；I 代表低龄寄宿生个体特征变量；S 代表低龄寄宿生学校特征变量；R 代表个人—环境的互动变量；采用 Ordinal 回归方程探讨低龄寄宿生生活适应性的影响因素。

有序逻辑回归是二分变量逻辑回归的延伸，可以用于两个以上有序型因变量的逻辑回归分析。假设有序型逻辑因变量含有 K 个值，$j = 1, 2, \cdots, K$，有序逻辑回归的基本公式如下：

$$\ln(Y_j) = \ln\left(\frac{f_j(x)}{1 - f_j(x)}\right) = a_j + (b_1 x_1 + b_2 x_2 + \cdots + b_p x_p)$$

$$f_j(x) = f(Y \leqslant j \mid x_1, x_2, \cdots, x_p)$$

$$= \begin{cases} \dfrac{\exp(a_j + bx)}{1 + \exp(a_j + bx)}, & \text{当}\ 1 \leqslant j \leqslant k-1 \\ 1, & \text{当}\ j = k \end{cases}$$

当 $1 \leqslant j \leqslant k-1$，针对具体问题的模型，可以写成：

$$\ln(\text{odds}_j) = a_j + (b_1 x_1 + b_2 x_2 + \cdots + b_p x_p)$$

$$\text{odds}_j = \frac{f(Y \leqslant j)}{1 - f \leqslant j}$$

其中，Y 为因变量，$j = 1, 2$。$p = 16$，x_1，x_2，$\cdots$，x_{16} 分别代表各个自变量。

有序逻辑回归假设解释变量对因变量发生比（Odds）有相同的回归系数，即"等比例概率假设"（proportional odds assumption），因此只需要一个回归方程来描述解释变量和有序因变量之间的关系。SPSS 提供了一种检验系数来检验该假设。一般而言，检验值的 P 值大于显著度 0.01 即可表示通过该假设。也就是说当检验值的 P 值大于 0.01 时，可以认为解释变量对发生比（Odds）有相同的回归系数，可仅以一个回归方程来建立模型（O'Connell，2006）。

二、变量描述及赋值

因变量：低龄寄宿生生活适应性，测量题目为：你认为自己的寄宿生活怎么样？选项为（1）很不好（2）不太好（3）一般（4）比较好（5）非常好，在数据处理中"很不好"和"不太好"赋值为1，"一般"赋值为2，"比较好"和"非常好"赋值为3。

自变量：家庭背景变量（是否是独生子女、家庭能否承担学费、父亲教育水平、母亲教育水平、父亲工作情况、母亲工作情况），个体特征变量（自理能力、学业成绩、是否经历学校合并、课余时间满意度），学校特征变量（学校设施服务水平、教师对学生关爱程度、教师与家长沟通频率），个人—环境的互动变量（参加各种课外活动情况、与同学相处情况、与教师相处情况）。

本文解释变量的选取是根据理论模型、研究目的、以往研究的经验、其他研究中变量选择以及我国低龄寄宿生的特征得出的。表 4.1 对相关解释变量的特征、均值和标准差进行了描述。

上述变量影响关系的研究假设为：低龄寄宿生生活适应性的影响因素较为复杂，家庭背景变量、个体特征变量、学校特征变量对其生活适应性均具有显著的影响；个人—环境的互动变量如参加各种课外活动情况、与同学相处情况、与教师相处情况等与低龄寄宿生的生活适应情况相互作用或影响，对低龄寄宿生的生活适应性具有显著的影响。

表 4.1 变量说明和描述统计

变量名称	变量在模型中含义的具体说明	均值	标准差
家庭特征变量			
是否是独生子女	虚拟变量：独生子女=1；非独生子女=0	0.18	0.38
家庭能否承担上学费用	完全能承担=4 刚好能承担=3 稍微困难点=2 非常困难=1	3.19	1.15
父亲教育程度	没上学=1 小学=2 初中=3 高中=4 大专及以上=5	3.20	1.45
母亲教育程度	没上学=1 小学=2 初中=3 高中=4 大专及以上=5	3.20	1.36
父亲工作情况	农民=1 公务员（村干部、教师）=2 工人=3 做生意=4 其他=5	2.60	1.89
母亲工作情况	农民=1 公务员（村干部、教师）=2 工人=3 做生意=4 其他=5	2.60	1.99
个体特征变量			
自理能力	很不好=1 不太好=2 一般=3 比较好=4 非常好=5	2.78	1.41

变量名称	变量在模型中含义的具体说明	均值	标准差
个体特征变量			
学业成绩	很不好=1　不太好=2　一般=3　比较好=4　非常好=5	2.67	1.41
是否经历学校合并	虚拟变量　是=1　否=0	0.75	0.43
课余时间满意度	很不好=1　不太好=2　一般=3　比较好=4　非常好=5	3.20	1.15
学校特征变量			
学校设施服务水平	很不好=1　不太好=2　一般=3　比较好=4　非常好=5	2.67	1.37
教师对学生关爱程度	很不负责=1　不太负责=2　一般=3　比较负责=4　非常负责=5	3.80	1.18
教师与家长沟通频率	从来没有=1　很少=2　不确定=3　有时=4　经常=5	3.00	0.97
个人–环境互动变量			
参加各种课外活动情况	从来没有=1　很少=2　一般=3　有时=4　经常=5	3.25	1.36
与同学相处情况	很不好=1　不太好=2　一般=3　比较好=4　非常好=5	3.58	1.41
与教师相处情况	很不好=1　不太好=2　一般=3　比较好=4　非常好=5	4.59	0.89

三、模型回归及结果分析

表 4.2　模型回归及结果

自变量		全样本	男学生样本	女学生样本
家庭特征变量	是否为独生子女（以独生子女为基准）	−0.143 （0.142）	−0.030 （0.206）	−0.169 （0.211）
	家庭能否承担学费	0.264*** （0.061）	0.201** （0.092）	0.309*** （0.084）

133

	自变量	全样本	男学生样本	女学生样本
家庭特征变量	父亲受教育水平	−0.014 （0.060）	0.033 （0.087）	−0.066 （0.091）
	母亲受教育水平	−0.035 （0.059）	−0.081 （0.084）	−0.010 （0.090）
	父亲工作情况 （以务农为基准）	−0.207 （0.191）	−0.230 （0.271）	0.578* （0.340）
	母亲工作情况 （以务农为基准）	−0.347 （0.299）	−0.525 （0.434）	0.273 （0.484）
个体特征变量	自理能力	−0.003 （0.044）	−0.073 （0.065）	0.069 （0.064）
	学业成绩	0.045 （0.044）	0.043 （0.066）	0.070 （0.064）
	是否经历学校合并 （以经历过学校合并为基准）	0.176 （0.139）	0.157 （0.203）	0.223 （0.205）
	课余时间满意度	0.057 （0.052）	0.065 （0.076）	0.033 （0.074）
学校特征变量	学校设施服务水平	0.185*** （0.032）	0.224*** （0.047）	0.184*** （0.043）
	生活教师对学生关爱程度	0.028 （0.053）	0.043 （0.081）	0.008 （0.074）
	教师与家长沟通频率	0.056 （0.063）	0.076 （0.098）	0.019 （0.089）
个人—环境互动变量	参加各种课外活动情况	0.022 （0.047）	−0.021 （0.070）	0.048 （0.069）
	与同学相处情况	0.035 （0.042）	0.076 （0.062）	0.014 （0.060）
	与教师相处情况	0.054 （0.073）	0.010 （0.092）	0.129 （0.133）

注：①***，**和*分别代表1%，5%，10%的显著性水平。

②括号中为标准误。

1. 在家庭特征变量中

（1）是否为独生子女对低龄寄宿生的生活适应性起负影响，但不显著。即以独生子女为基准，非独生子女在寄宿生活中更不适应。这与之前学者的研究结论不一致，但与本文低龄寄宿生学习适应性的研究结论一致。考虑到本研究样本中有 82.2%的低龄寄宿生为非独生子女，独生子女样本数量有限，可能对结果造成了一定影响。

（2）家庭能否承担学费对低龄寄宿生的学校适应性起显著的正影响，其中全样本的回归系数为 0.264，表明随着家庭收入的增加低龄寄宿生的学校适应性也会提高，其比值比 OR 值为 EXP（0.264）=1.3021，说明全样本中，家庭收入每高一个等级，子女的学校适应性会提高 30.21%。家庭经济实力越雄厚，在子女学校生活上可投入的资金就越多，这时的子女在物质保证下，在学校生活的适应性上表现更佳。

（3）母亲的受教育水平和父亲的受教育水平对低龄寄宿生的生活适应性起负影响，但不显著。即随着父母的学历升高，子女的生活适应性会降低。这与之前学者的研究结论不同，但与本文低龄寄宿生学习适应性的研究结论一致。考虑到本研究的样本中农村父母文化程度都较低，因此将父母各自的受教育水平与职业做交叉表，发现随着教育程度的提高，从事务农工作的父母数量减少，因工作原因可能会减少陪伴和教育低龄孩子的时间，从而影响到低龄寄宿生生活适应性。

（4）母亲的工作情况和父亲的工作情况对低龄寄宿生的生活适应性起负影响，但不显著。即以从事务农工作为基准，从事非农工作的父母，其子女的生活适应性更低。正如前文论述，考虑到父母从事务农工作，在家时间较长，可以更多地关心子女，对子女寄宿生活的适应性起到积极作用。

2. 在个体特征变量中

（1）自理能力对低龄寄宿生全部样本的生活适应性起正影响，但不显著。自理能力是学校寄宿生活的基础，孩子生活自理能力的形成有助于培养其责任感、自信心和处理问题的能力，对其今后的人生也会产生深远的影响。低龄寄宿学生由于心理不成熟，生活自理能力不强，导致独立生活能力相应较弱，对家庭和父母的依赖性大。低龄寄宿生往往会因为不会料理生活小事，从而引发心理和身体健康方面的问题❶，进而影响学校生活的适应。

135

---

❶ 董世华. 我国农村寄宿制学校问题研究[D]. 武汉：华中师范大学，2012.

（2）是否经历过学校合并对低龄寄宿生的生活适应性起正影响，但不显著。说明以经历过学校合并的学生为基准，没有经历过学校合并的低龄寄宿生更适应学校生活。经历过学校合并对低龄寄宿生学校适应性起显著的负影响，经历学校合并后低龄寄宿生需要独立面对新的班集体，新的生活环境，需要一个适应过渡期，相对于没有经历学校合并的学生更不适应学校生活。

（3）课余时间满意度对低龄寄宿生的生活适应性起正影响，但不显著。说明随着课余时间的增加学生的生活适应性也会提高。寄宿制学校采取"以课代管"的管理办法忽视了寄宿生业余生活的存在，影响了寄宿学生生活的完整性。而丰富的课余活动可以更好地促进寄宿生的学校适应性[1]。

（4）学业成绩对低龄寄宿生的生活适应性起正影响，但不显著。说明随着低龄寄宿生学业成绩的提高，学生的生活适应性也会提高。王佩丹（2004）、郑文珍（2007）等学者的研究也一致认为生活适应与学生的成绩存在相关性，学业不良的学生学校适应性不高。

3. 在学校特征变量中

（1）学校实施服务水平对低龄寄宿生的生活适应性起显著的正影响。其中全样本的回归系数为 0.185，说明随着设施服务水平的提高，学生学校适应性也会提升，其比值比 OR 值为 EXP（0.185）=1.2032，说明全样本中，学校实施服务水平每高一个等级，低龄寄宿生学校适应性提高 20.32%。结合马斯洛的需要层次理论，可以得出学校设施服务的水平对低龄寄宿生适应学校生活起着至关重要的作用。这也与叶敬忠（2007）研究结论一致，在设施条件相对较好的寄宿制学校，学生住校期间适应性也会越好。

（2）教师对学生的关爱程度对低龄寄宿生的生活适应性起正影响，但不显著。说明随着教师对学生关爱程度的提升，学生对学校生活适应性也会提高。教师在学生的寄宿生活中扮演了极其重要的角色，他们细致、耐心地照顾学生的生活，会让低龄寄宿生更好地适应学校的学习生活。

（3）教师与家长沟通频率对低龄寄宿生的生活适应性起正影响，但不显著。说明随着家校交流的增进，低龄寄宿生的学校适应性也会提高。通过学校和教师与家长沟通，让家长及时、全面了解学生生活学习现状和情感变化，及时满

---

[1] 赵平. 西部地区农村寄宿小学生学校适应性问题研究——基于陕西省某地区的调查[D]. 天津：天津理工大学，2014.

足对低龄寄宿生的关怀。

4. 在个人—环境互动变量中

（1）参加各种课外活动情况对全部样本的低龄寄宿生的生活适应性起正影响，但不显著。说明课外活动的顺利开展，能够陶冶学生情操，放松学生心情，促进学生身心的全面发展，也让学生的寄宿生活更加丰富多彩，提高其生活适应性。

（2）与同学相处情况对低龄寄宿生的生活适应性起正影响，但不显著。说明随着与同学相处情况的改善，学生生活适应性也会提高。同伴交往是儿童社会化的重要组成部分，在儿童青少年适应学校生活的过程中起着重要的作用。良好的同伴关系会促进低龄寄宿生更好地融入新的生活环境，而不良的同伴关系有可能导致学校适应困难，甚至会影响成年以后的社会适应，这一结论已被大量研究证实。

（3）与教师相处情况对低龄寄宿生的生活适应性起正影响，但不显著。说明随着师生关系情况的改善，学生生活适应性也会提高。储小庆（2009）和苏蕾（2012）等学者的研究都表明，师生关系是学校环境中影响学生学校适应性的一个重要变量，与儿童的早期学校适应性显著相关，亲密的师生关系与儿童积极的适应结果有关。

第五节　农村低龄寄宿生情感适应性分析

一、模型构建

美国心理学家拉扎勒斯，对情绪和适应做了大量的研究，提出了情感适应理论。情感适应理论的核心内容是指，受众通过对外部和内部状况的评价后产生情感反应，进而引起后续的处理行为。

在情感适应理论的基础上，结合低龄寄宿学生的实际以及本次调查数据中可获得的变量。本文建立如下基本模型来分析影响低龄寄宿生情感适应的因素：

$$Y_3 = f(F, I, S, E, T) \tag{Ⅲ}$$

在模型（Ⅲ）中，Y_3 代表低龄寄宿生情感适应性，为定序变量；F 代表家庭特征变量；I 代表低龄寄宿生个体特征变量；S 代表低龄寄宿生学校特征；E 代表低龄寄宿生对内外部环境的主观感受；T 代表低龄寄宿生的处理反应；采用 Ordinal 回归方程来探讨低龄寄宿生情感适应性的影响因素。

有序逻辑回归是二分变量逻辑回归的延伸,可以用于两个以上有序型因变量的逻辑回归分析。假设有序型逻辑因变量含有 K 个值,$j=1, 2, \cdots, K$,有序逻辑回归的基本公式如下:

$$\ln(Y_j) = \ln\left(\frac{f_j(x)}{1-f_j(x)}\right) = a_j + (b_1 x_1 + b_2 x_2 + \cdots + b_p x_p)$$

$$f_j(x) = f(Y \leqslant j \mid x_1, x_2, \cdots, x_p)$$

$$= \begin{cases} \dfrac{\exp(a_j + bx)}{1 + \exp(a_j + bx)}, & \text{当} 1 \leqslant j \leqslant k-1 \\ 1, & \text{当} j = k \end{cases}$$

当 $1 \leqslant j \leqslant k-1$,针对具体问题的模型,可以写成:

$$\ln(\text{odds}_j) = a_j + (b_1 x_1 + b_2 x_2 + \cdots + b_p x_p)$$

$$\text{odds}_j = \frac{f(Y \leqslant j)}{1 - f(Y \leqslant j)}$$

其中,Y 为因变量,$j=1, 2$。$p=18$,x_1,x_2,$\cdots$,x_{18} 分别代表各个自变量。

二、变量描述及赋值

因变量:低龄寄宿生情感适应性,测量题目为:你是否在学校寄宿生活和学习中感到压抑和苦闷?选项为(1)从来没有(2)很少(3)一般(4)有时(5)经常,在数据处理中"从来没有"和"很少"赋值为1,"一般"赋值为2,"有时"和"经常"赋值为3。

自变量:家庭背景变量(是否是独生子女、家庭能否承担学费、父亲教育水平、母亲教育水平、父亲工作情况、母亲工作情况),个体特征变量(自理能力、学业成绩、是否经历学校合并),学校特征变量(学校设施服务水平、教师对学生关爱程度、教师与家长沟通频率),主观感受变量(同伴关系评价、课余时间评价、对教师喜爱情况、想念父母情况),反应变量(遵守校纪校规、有逃学想法)。

本文解释变量的选取是根据理论模型、研究目的、以往研究的经验、其他研究中变量选择以及我国低龄寄宿生的特征得出的。表 5.1 对相关解释变量的特征、均值和标准差进行了描述。

上述变量影响关系的研究假设为:低龄寄宿生情感适应性的影响因素较为复杂,家庭背景变量、个体特征变量、学校特征变量对低龄寄宿生情感适应性均具有显著的影响；主观感受变量是低龄寄宿生的情感适应的情感表达，同时又对低龄寄宿生情感适应性均具有显著的影响；反应变量是低龄寄宿生的情感适应的行为表达，并对低龄寄宿生的情感适应性具有显著的影响。

表5.1 变量说明和描述统计

变量名称	变量在模型中含义的具体说明	均值	标准差
家庭特征变量			
是否为独生子女	虚拟变量：独生子女=1 非独生子女=0	0.18	0.38
家庭能否承担学费	完全能承担=4 刚好能承担=3 稍微困难点=2 非常困难=1	3.19	1.15
母亲教育程度	没上学=1 小学=2 初中=3 高中=4 大专及以上=5	3.20	1.45
母亲工作情况	农民=1 公务员（村干部、教师）=2 工人=3 做生意=4 其他=5	3.20	1.36
父亲教育程度	没上学=1 小学=2 初中=3 高中=4 大专及以上=5	2.60	1.89
父亲工作情况	农民=1 公务员（村干部、教师）=2 工人=3 做生意=4 其他=5	2.60	1.99
个体特征变量			
自理能力	很不好=1 不太好=2 一般=3 比较好=4 非常好=5	2.78	1.41
学业成绩	很不好=1 不太好=2 一般=3 比较好=4 非常好=5	2.67	1.41
是否经历学校合并	虚拟变量 是=1 否=0	0.75	0.43
学校特征变量			
学校设施服务水平	很不好=1 不太好=2 一般=3 比较好=4 非常好=5	2.67	1.37
教师对学生关爱程度	很不负责=1 不太负责=2 一般=3 比较负责=4 非常负责=5	3.80	1.18
教师与家长沟通频率	从来没有=1 很少=2 不确定=3 有时=4 经常=5	3.00	0.97

变量名称	变量在模型中含义的具体说明	均值	标准差
主观感受变量			
同伴关系评价	很不好=1 不太好=2 一般=3 比较好=4 非常好=5	3.58	1.41
课余时间评价	很不好=1 不太好=2 一般=3 比较好=4 非常好=5	3.20	1.15
对教师喜爱情况	很不好=1 不太好=2 一般=3 比较好=4 非常好=5	4.59	0.89
想念父母情况	从来没有=1 很少=2 一般=3 有时=4 经常=5	3.58	1.51
反应变量			
遵守校纪校规	从来没有=1 很少=2 一般=3 有时=4 经常=5	4.17	1.10
有逃学想法	从来没有=1 很少=2 一般=3 有时=4 经常=5	4.05	1.49

三、模型回归及结果分析

表 5.2　模型回归及结果

	自变量	全样本	男学生样本	女学生样本
家庭特征变量	是否为独生子女（以独生子女为基准）	0.132（0.123）	0.249（0.175）	0.135（0.188）
	家庭能否承担学费	0.05（0.048）	0.020（0.075）	0.046（0.066）
	父亲受教育水平	−0.110**（0.052）	−0.126*（0.076）	−0.139*（0.078）
	母亲受教育水平	0.092*（0.484）	−0.132*（0.073）	0.100（0.078）
	父亲工作情况（以务农为基准）	−0.521***（0.192）	−0.605***（0.274）	−0.560（0.289）
	母亲工作情况（以务农为基准）	0.388（0.312）	0.295（0.243）	0.927***（0.432）

	自变量	全样本	男学生样本	女学生样本
个体特征变量	自理能力	−0.065* （0.038）	−0.048 （0.056）	0.026 （0.056）
	学业成绩	0.031 （0.038）	−0.059 （0.056）	0.069 （0.057）
	是否经历学校合并 （以经历过学校合并为基准）	−0.051 （0.117）	0.082 （0.176）	−0.319* （0.170）
学校特征变量	学校设施服务水平	−0.006 （0.041）	−0.033 （0.062）	−0.044 （0.059）
	教师对学生关爱程度	−0.031 （0.038）	−0.113 （0.070）	−0.011 （0.063）
	教师与家长沟通频率	−0.009 （0.055）	−0.079 （0.084）	0.008 （0.077）
主观感受变量	同伴关系评价	−0.062* （0.036）	0.021 （0.053）	−0.133** （0.053）
	课余时间评价	−0.006 （0.045）	−0.0337 （0.066）	−0.018 （0.066）
	对教师喜爱情况	0.044 （0.068）	0.126 （0.089）	−0.289** （0.118）
	想念父母情况	0.176*** （0.037）	0.219*** （0.057）	0.176*** （0.053）
反应变量	遵守校纪校规	−0.106* （0.059）	0.078 （0.096）	−0.310*** （0.080）
	厌学行为	0.110** （0.046）	0.113 （0.069）	0.112* （0.066）

注：①***，**和*分别代表1%，5%，10%的显著性水平。

②括号中为标准误。

分类预测变量前的负号"−"表明该变量的该类与因变量的较小分值相联系，若计算 EXP（−β），也即比值比 OR（Odds Ratio），能显示变量的该类与参照类相比影响因变量的较小分值的概率。

1. 在家庭特征变量中

（1）是否为独生子女对低龄寄宿生的情感适应性产生正影响但不显著。以独生子女为基准，非独生子女更适应学校生活。这与杨兆山（2012），李姝妍（2014）等的研究结论一致，家庭对独生子女的溺爱和娇惯，使他们缺少独立生活的能力，其消极适应问题更突出。

（2）家庭能否承担学费对低龄寄宿生的情感适应性影响不显著。说明低龄寄宿生家庭的经济收入对学生在校的情感适应性影响有限。低龄学生对家庭经济收入不敏感，家庭经济情况对其心理造成的影响较小。

（3）父亲受教育水平对低龄寄宿生的情感适应性在全样本及男、女学生样本中均显著，其中全样本的回归系数为 −0.110，表明父亲受教育水平越高，子女情感适应性越好，感到压抑、苦闷的情绪频率越少，其比值比 OR 值为 EXP（0.110）=1.1163，说明全样本中父亲受教育水平每高一个等级，子女对学校情感适应性会提高 11.63%。文化程度较高的家长，可能更注重子女教育知识的学习，教育手段更科学合理，其子女心理发展更为健康。

（4）母亲受教育水平在全样本中表现出正显著影响，其回归系数为 0.092，OR 值为 EXP（−0.092）=0.9121，说明母亲受教育水平每提高一个等级，子女学校适应性会减少 8.79%，而在男学生样本中母亲受教育水平表现出负的显著影响，其回归系数为 −0.132，OR 值为 EXP（0.132）=1.1411，说明母亲受教育水平每提高一个等级，男生学校适应性会增加 14.11%，可能的原因是母亲常以自己的女性特征来影响孩子，母爱可以使人变得温柔、体贴，其中不可避免地包括了某些个性弱点，如软弱、胆小，女生对母亲的依赖程度也更大，由此造成全样本中低龄寄宿生在情感适应中表现不良，而男性相对女性大胆、自信、独立的性格更为凸显，所以在母亲的影响下表现出的情感适应性更好。

（5）以务农工作为基准，父亲从事其他工作对低龄寄宿生全样本、男生样本的情感适应性影响显著，其全样本回归系数为 −0.521，OR 值为 EXP（0.521）=1.6837，说明父亲从事其他工作比务农对学生情感适应性的影响会提高 68.37%，而母亲工作情况仅对女学生样本的情感适应性影响显著。从整体上看，以务农为基准，父亲从事其他工作对学生情感适应性提高有正影响，而母亲从事其他工作对学生情感适应性提高有负影响，可能是由于母亲从事非农工作后陪伴子女的时间更少了。本研究也与吴敏的研究结论一致，抑郁、焦虑、敌对、偏执、精神病性等因子分值也以父母为农民、个体职业者为高。

2. 在个体特征变量中

（1）自理能力对全体样本的情感适应性具有显著的影响，其回归系数为 -0.065，OR 值为 EXP（0.065）=1.0671，说明自理能力的提高也会增加 6.71% 的情感适应性。自理能力是一个人应该具备的最基本的生活技能，自理能力不佳必然导致寄宿生活不愉快，进而影响学生的情感适应性。

（2）学业成绩对低龄寄宿生全部样本的情感适应性影响不显著。本研究发现，学业成绩的提升会对学生情感适应性产生积极影响，这也和 Wenz G. M.（1998）、方怀胜（2003）研究发现相一致，学生学习成绩受到的正面评价越多，其自信心越强，但学习不良的儿童会体验到更多的压力，较少得到同伴和成人的支持，适应性很差。在本研究中不显著可能是由于低龄寄宿生年龄较低，对学业成绩敏感程度不高，对情绪影响有限。

（3）是否经历过学校合并对女生样本有显著影响，其回归系数为 -0.319，OR 值为 EXP（0.319）=1.3758，说明没有经历过学校合并的女生情感适应性比经历过的女生提高 37.58%，这也与朱蒂斯·克林弗尔德（Judith Kleinfeld，1977）和约瑟夫·布鲁姆（Joseph Bloom，1977）的发现相一致，女性的情绪更为敏感，所以对于经历学校合并的影响表现显著。

3. 在学校特征变量中

（1）学校设施服务水平对全部学生样本的情感适应性提高有正影响，这也证实了史瑞里·费希尔教授的发现，学生情感与生活环境有关系，当学校设施服务水平改进后，学生会更乐于参与到寄宿生活中。

（2）教师对学生的关爱程度对全部学生样本的适应性提高有正影响，教师的关心、照顾会为学生情感上提供依靠，增进师生关系，方怀胜（2003）也指出师生关系是影响学生情绪的最主要因素，学生在学校感到愉快就会喜欢学校生活。

（3）教师与家长的沟通频率对全体样本学生的情感适应性提高有正影响，教师与家长的及时沟通有助于双方准确了解学生的情感处境，为其向学生提供帮助创造前提。

4. 在主观感受变量中

（1）同伴关系评价对全样本量及女生样本量产生显著影响，其中全体样本回归系数为–0.062，OR值为EXP（0.062）=1.0640，说明好的同伴关系使情感适应性提高6.40%，女生样本的回归系数为–0.133，OR值为EXP（0.133）=1.1422，说明好的同伴关系使女生情感适应性提高14.22%，所以，女生对于同伴关系更敏感，相对于男生对其影响更显著。

（2）课余时间评价对低龄寄宿生全部样本的情感适应性影响不显著。本研究发现，学业成绩的提升会对学生情感适应性产生积极影响，这与苏蔷（2012）和马欣仪等（2013）的研究发现相一致，规范的作息管理和丰富的课余时间和活动能够极大程度地减轻寄宿生的想家情绪，减轻学生的心理负担，可促进学生更好地适应学校生活。

（3）对教师喜爱情况仅对女学生的情感适应性影响显著，回归系数为–0.289，OR值为EXP（0.289）=1.3351，对教师喜爱情况的提高对女生适应性提高为33.51%。女生情绪较男生更为敏感，女生对教师喜爱程度越高，则表现越积极，同时寄宿生活愉悦程度越高。

（4）想念父母情况对全部样本情感适应性具有极显著影响，在全样本中对父母想念程度的提高会使情感适应性减少16.13%，在男生样本中会减少19.68%，在女生样本中会减少16.14%，说明"思家"情绪是影响学生学校适应性最大的因素。

5. 在反应变量中

（1）遵守校纪校规对全样本具有显著影响，对女生样本有极显著的影响，越遵守校纪校规的学生表现出情感适应性越好。在全样本和女生样本中，遵守校纪校规学生的情感适应性比不遵守校纪校规的学生分别提高11.18%和36.34%。遵守校纪校规能够帮助学生更好地适应学校管理，以便能更快地融入寄宿生活中，而不遵守校纪校规学校会做出相应惩罚措施，从而影响学生的情感适应性。

（2）厌学行为对全样本、女生样本的情感适应性具有显著影响，分别会减少其情感适应性的10.12%和10.60%，厌学学生学习上的无力感、失落感和自卑感会产生不良的心理反应，影响学生的情感适应性。

反应变量影响学生情感适应性的实质是低龄寄宿生在寄宿生活后产生的行为、情绪的反作用，所以如果不及时帮助低龄寄宿生适应寄宿生活，很容易引起情感不适应的恶性循环。

第六节　结论与政策建议

一、研究结论

本研究对通过学习适应、生活适应和情感适应三方面对西北农村低龄寄宿生的学校适应性的调查分析发现，"母亲工作情况""与同学相处情况""学业成绩""经历学校合并""课余时间满意度""学校设施服务满意度""教师对学生关爱程度""教师与家长沟通的频率"等 8 个变量对低龄寄宿生的学习适应性具有显著影响，其中"母亲工作情况"和"是否经历学校合并"对低龄寄宿生学习适应性有负影响。生活适应性方面，"家庭能否承担学费""学校实施服务水平"对其具有显著影响。情感适应性方面，"父亲受教育水平""母亲受教育水平""父亲职业""自理能力""同伴关系评价""想念父母情况""遵守校纪校规情况""厌学行为"等 8 个变量对低龄寄宿生全体样本的情感适应性具有显著影响，"母亲工作情况""是否经历过学校合并""对教师喜爱情况"，仅对女生样本影响显著。

二、政策建议

（一）保证学校间教育资源均衡配置，优化保障机制

首先，国家和地方各级政府及其教育行政部门要高度重视农村寄宿学校的工作，在政策上予以倾斜，资金上予以支持，增加寄宿生经费补助，优化寄宿制学校的资源配置。中央政府加大农村寄宿制学校建设专项转移支付的力度，制定农村寄宿制学校建设工程费用减免政策，确保资金的有效使用。地方政府明确投入责任，确保"中央地方共担"目标的实现。其次，国家还要加强寄宿制学校实行的补贴和减免政策。各级政府应对贫困地区、民族地区的寄宿制学校补贴资金，在"两免一补"政策外进一步免除部分费用，减轻学生的经济压力。最后，要针对地区经济发展水平适时改变"以县为主"的教育投资体制，在中西部贫困地区，可以加大省市一级政府对贫困农村地区义务教育的转移支付力度。

（二）营造良好校园环境，完善学校管理制度

做好义务教育标准化学校的规划建设和教育教学管理，坚持"以人为本"

145

的原则，在遵循少年儿童身心发展规律的前提下，促进农村寄宿制学校各项工作有序地开展。学校要尽力营造良好校园环境。在学校硬件建设方面，要改善寄宿制学校住宿条件，让学生住得舒适、温馨；增加体育、艺术、科技等活动的设施，增设学校电视系统，增配多种类的图书和报刊，让学生有更多获取课外知识的途径。在餐饮方面，要科学安排寄宿生营养结构，创新农村寄宿制学校食堂供餐机制。在学生安全方面，要加强寄宿制学校安全管理，确保寄宿生生命财产安全，规范寄宿生往返学校的交通管理，消除学生上学途中的安全隐患。同时，学校要根据低龄学生的身心成长特点，采取灵活多样的管理策略，尊重学生意见，让寄宿生主动参与学校管理，增强其对学校的认同感和适应性。

（三）推行保育寄宿制学校办学模式，增强低龄寄宿生学校适应能力

所谓保育寄宿制学校，就是以解决低龄小学生上学远的矛盾为直接目的，以提高农村小学办学效益和教育质量为最终目标，针对小学低年级学生生理和心理特征而设置的一种寄宿制学校。学校应按照现代教育管理原理，配备保育员专门负责学生的日常生活，对学生实施科学管理和健康教育❶。低龄寄宿生生活的不适应性主要表现在由于生活不能自理而造成的压力和"思家"情绪引起的心理问题，其根源是由于学校家庭功能的缺失。因此，通过推行保育制度，加强对低龄寄宿生的亲情关怀和生活护理，弥补其家庭功能的不足，可以在一定程度上解决低龄寄宿学生的生活与心理适应性问题。小学布局调整之后会产生富余教师，对没有竞聘上教师岗位的教师进行再培训，重新上岗的教师的主要任务转向保育寄宿制学校的保育工作，办好第三产业，大力发展蔬菜和饲养业，办好服务食堂，降低学生生活费用，提高学生生活水平，使学生进得来，留得住，学得好，让学生安心，家长和社会放心❷。

（四）引进驻校社工服务机制，助力寄宿学生的健康成长

"驻校社工"即进驻到学校进行社会工作的专业工作者。社工服务坚持"以人为本"的价值理念，以学生需求为基本出发点，最大化地贴近学生心理，提高学生对学校生活的满意度，同时可以有效缓解学校严控管理带给学生的成长伤害❸。驻校社工可以从儿童健康成长的角度，给教师提供辅导和咨询，分担

❶ 高正绪. 山区农村寄宿保育制小学研究[J]. 现代中小学教育，2002（10）：1-4.

❷ 夏昌艺，张建林. 关于兴办山区保育寄宿制小学的思考[J]. 教学与管理，2000（10）：16-18.

❸ 王海英，张强. 驻校社工"嵌入"农村寄宿制学校：问题与策略[J]. 当代教育科学，2015（022）：7-10.

教师心理辅导方面的工作，既可以减轻教师的工作压力，同时又能更专业系统地解决学生问题。同时，驻校社工也可以运用科学的方法和技能帮助家长和孩子正确沟通与交流，巩固家庭对小学生的支持功能。

（五）促进学校教师资源均衡，加强学校师资队伍建设

教师是一所学校发展的核心因素，教师素质直接关系到一所学校教育质量。首先，教育主管部门应在教师编制和生活教师人员配置方面，予以全面合理的考虑，适当增加寄宿制学校教师尤其是生活教师等后勤人员的编制，根据寄宿制学校的特殊性制定寄宿制学校的教师编制政策，解决生活教师的编制问题，以适应寄宿制学校的工作需求。其次，教育部门要提高农村寄宿制学校教师待遇，以提高教师组织学生课余活动的积极性，建立面向学生课后管理的农村寄宿制学校教师培训体系，以提高学生课余活动的质量。最后，任课教师不仅要不断提高自身教育教学水平，更应学习更多心理健康教育辅导方面的相关理论知识和实际操作技巧，给低龄学生以亲人般的关爱，并在教学的同时注意引导低龄学生，培养其树立高尚的思想道德情操。生活教师则必须经由专门的培训和考核方可进入工作岗位，不仅要照顾好学生的生活起居，也要担负起对学生的教育责任，同时要充分利用与学生相处时间较长的优势及时了解学生困难，加强对学生的心理干预，排除学生在适应方面的隐患。

（六）合理安排课余时间，丰富学生课余生活

农村寄宿制小学生业余生活在空间上受到封闭管理的制约，在时间上受到教学的挤压，在内容上受制于活动设施的缺乏，寄宿生业余生活受限，扭曲了学生的童年生活。要保证学生学习和课余活动时间合理分配，学校要完善管理制度。在学生作息制度方面，要适当压缩自习时间，处理好寄宿生学习与生活间的关系，既要保证学习时间的充裕，又要保证其身心的健康成长。在课余活动内容方面，学校要积极努力创造条件丰富学生活动内容，如体育锻炼方面组织球类比赛、棋类比赛等；艺术文化方面，利用各种节日和纪念日开展征文征画活动，建立了学生校园广播站活跃校园文化氛围，组建兴趣社团，让不同兴趣爱好的学生都得到展示和锻炼，使学生的特长得到发展；社会实践方面，学校可因地制宜组织实地参观考察，通过亲身体验，获得教育。同时学校还要考虑学生个性特征，给学生一定的自由支配的时间安排自己喜欢的活动，为学生提供自主发展空间。

（七）加强学生心理辅导，协助建立良好的同伴关系

对于农村寄宿制学校的学生来说，所处的环境是封闭式的，由于父母不在

147

身边，很多问题都需要自己独自面对，自身会有因想家等原因而引起焦虑、孤独等消极情绪，这是学生在人际交往方面表现出的心理障碍。学校的教师应注重情绪的外部调节机制的建立，通过宣泄疏导，让有心理障碍的学生宣泄情感，鼓励其消除心理障碍，帮助学生减轻心理压力，最大限度地减少消极情绪给学生情绪带来的学校不适应。同时，研究发现良好的同伴关系可以在很大的程度上缓解学生的孤独和压力，帮助学生更好地适应学校的环境和生活，因此，教师引导学生建立良好的同伴关系在农村寄宿制学校中就更为重要。教师在上课教学、作业布置和组织活动时，尽量采取合作的形式，这样有助于为学生们提供相互沟通、彼此相互了解和相互帮助的机会，有助于低龄寄宿生养成理解他人情感的能力，感受到其他人对自己的喜爱和关怀。也促使学生发现各自优点的机会，加强学生的自尊和自我接受。

（八）发挥农村寄宿制学校育人优势，着力提高农村学生综合素质

教育必须培养人类去适应变化❶。学生在校学习是生活和成长过程的统一，寄宿制学校在提升学生成绩的同时，更要使学生完成社会化，提高学生综合素质，教会学生如何更好地与自己所处的环境相协调，发掘并培育低龄寄宿生的自我适应能力，发掘其优势潜能，帮助低龄寄宿生积极健康的成长和发展，并能够使之在将来的生活中适应社会，逐步消除农村弱势因素的代际传递，真正缩小城乡差距[103]。

（九）转变家长认识，加强家长与学校的沟通与合作

有效的家校合作制度是迅速提高学生适应水平的重要途径。从家长的角度来讲，转变认识，不要把教育孩子只当成是学校和老师的责任，低龄学生由于寄宿，家庭教育缺失严重，亲子间心理距离拉大，家长要意识到家庭教育在学生成长中的重要作用，对孩子要有积极主动且得当的亲情关怀，正确认识并积极地加强与老师之间的交流沟通，及时了解学生生活学习现状和情感变化，同时还要将发现的问题反馈给学校。从学校角度来讲，学校要构建家校共育体系，指导家庭教育、家校共育工作的开展，通过开家长会、家访和电话等多种形式密切每户家庭的联系，逐步地丰富沟通渠道，传递学生在学校的各方面的信息，家校共同发挥作用帮助学生更好地适应寄宿制生活，从而健康地成长。

---

❶ 联合国教科文组织国际教育发展委员会. 学会生存——教育世界的今天和明天[M]. 北京：教育科学出版社，1996.

参考文献

中文文献

[1] 爱普斯坦. 学校、家庭和社区合作伙伴：行动手册[M]. 江西教育出版社，2012.

[2] 安妮特·拉鲁. 不平等的童年：阶层、种族和家庭生活[M]. 北京：北京大学出版社，2009：1–13.

[3] 安妮特·拉鲁. 家庭优势：社会阶层与家长参与[M]. 江西：江西教育出版社，2014.

[4] 邓志伟，徐榕. 家庭社会学[M]. 中国社会科学出版社，2001：67.

[5] 邓佐君. 家庭教育学（教育学丛书）[M]. 福建教育出版社，2011.

[6] 翟博. 教育均衡论——中国基础教育均衡发展实证分析[M]. 人民教育出版社，2008.

[7] 杜威. 明日之学校[M]. 商务印书馆，1935.

[8] 杜威. 杜威教育论著选[M]. 赵祥麟，王承绪，编译. 华东师范大学出版社，1981.

[9] 国际 21 世纪教育委员会. 教育——财富蕴藏其中[M]. 北京：教育科学出版社，1996：96.

[10] 国家卫生计生委疾病预防控制局. 《中国居民营养与慢性病状况报告（2015）》[M]. 北京：人民卫生出版社，2015：21–24.

[11] 联合国教育文组织国际教育发展委员会. 学会生存——教育世界的今天和明天[M]. 北京：教育科学出版社，1996.

[12] 卢梭. 爱弥儿[M]. 李平沤，译. 北京：商务印书馆，1994.

[13] 罗斯·埃什尔曼. 家庭导论[M]. 潘允康等译. 北京：中国社会科学出版社，1991：508.

[14] 孟宪承. 教育概论[M]. 福州：福建教育出版社，2006：38.

[15] 欧文·亚隆 IRVIND. YALOM，默林·莱兹克兹. 团体心理治疗：理论与实践[M]. 北京：中国轻工业出版社，2010.

[16] 苏霍姆林斯基. 帕夫雷什中学[M]. 赵玮，等译. 北京：教育科学出版社，1983：7.

[17] 孙鼎国，王杰. 西方思想 3000 年（中册）[M]. 九州图书出版社，1998：1161.

[18] 维吉尼亚·萨提亚. 新家庭如何塑造人[M]. 世界图书出版公司，2006.

[19] 邬志辉. 农村义务教育经费保障新机制[M]. 北京大学出版社，2008：32-33.

[20] 叶立群，邓佐君主编. 家庭教育学[M]. 福建教育出版社，1994：89.

[21] 叶圣陶. 叶圣陶教育文集：第 2 卷[M]. 北京：人民教育出版社，1994.

[22] 中央教育科学研究所《世界教育展望》编辑组. 世界教育展望[M]. 教育科学出版社，1983：83.

[23] 朱强. 家庭社会学[M]. 华中科技大学出版社，2012：109-110.

[24] 张海波，王守纪，杨兆山. 关于农村寄宿制学校学生适应问题的思考[C]// 农村教育与农村发展高端论坛论文集. 2008.

[25] 储小庆. 农村寄宿小学生学校适应问题及对策研究[D]. 西南大学，2009.

[26] 董世华. 我国农村寄宿制学校问题研究[D]. 华中师范大学，2012.

[27] 郭国强. 教育公平视野中的基础教育发展失衡问题之研究[D]. 上海师范大学，2009.

[28] 李俊刚. 小学生羞怯、自我概念与生活适应的关系研究[D]. 哈尔滨工程大学，2013.

[29] 刘先丽. 低龄寄宿对农村小学生社会化的影响[D]. 吉林大学，2007.

[30] 吕正欣. 儿童入学准备发展水平对其学校适应状况的预测[D]. 东北师范大学，2008.

[31] 毛燕. 当代中国教育公平的问题及对策研究[D]. 河北师范大学，2013：5.

[32] 苏蔷. 农村寄宿制小学学生学校适应状况研究——以 Y 省 X 县为个案[D]. 东北师范大学，2009.

[33] 杨梅. 小学生情绪智力、父母教养方式与生活适应的关系研究[D]. 上海师范大学，2011.

[34] 赵平. 西部地区农村寄宿小学生学校适应性问题研究——基于陕西省某地

区的调查[D]. 天津理工大学，2014.

[35] 杜威. 学校与社会[M]//杜威教育论著选. 赵祥麟，等，编译. 上海：华东师范大学出版社，1981.

[36] 白晋荣，刘桂文，赵笑梅，等. 小学生学习适应性研究[J]. 河北师范大学学报：教育科学版，2002（3）：76–79.

[37] 边玉芳，梁丽婵，张颖. 充分重视家庭对儿童心理发展的重要作用[J]. 北京师范大学学报（社会科学版），2016（5）：46–54.

[38] 蔡春，易凌云. 在"境遇"中"生长"——论杜威的伦理与道德教育思想[J]. 集美大学学报，2004，5（3）：18–29.

[39] 曹峰，滕媛，黄梦杰. 农村寄宿制小学生生活满意度研究——以 H 省 X 县为例[J]. 公共管理评论，2014，17（2）：48–61.

[40] 曹瑞. 父母受教育程度对亲子关系影响的研究[J]. 中国校外教育：理论，2011（6）：51–51.

[41] 曾琦，芦咏莉，邹泓，等. 父母教育方式与儿童的学校适应[J]. 心理发展与教育，1997（2）：47–52.

[42] 陈佳，曾富生，陈瑶，等. 学校社会工作介入农村寄宿制小学的探讨[J]. 赤峰学院学报：科学教育版，2011（9）：227–229.

[43] 陈帅. 农村寄宿制小学生生活指导的问题与对策研究[J]. 广西教育学院学报，2012（1）：173–175.

[44] 程晓樵. 教育机会均等概念的跨文化分析[J]. 南京师大学报（社会科学版），2004（6）：58–64.

[45] 戴育红. 小学生学习适应性的研究[J]. 教育导刊月刊，1997（1）：15–17.

[46] 但汉礼. 中小学体罚或变相体罚现象的特点与成因[J]. 现代中小学教育，2004（2）：49–51.

[47] 邓远平，汤舒俊. 流动人口家庭环境对其子女学习适应性的影响[J]. 西南交通大学学报：社会科学版，2010，11（5）：128–131.

[48] 董世华. 我国农村寄宿制中小学运行成本分担问题研究——基于公共产品理论的视角[J]. 教育发展研究，2011，（19）：14–20.

[49] 董世华. 我国农村寄宿制学校发展趋势及特征的实证分析——基于五省部分县（市）的调查数据[J]. 现代教育管理，2013（3）：22–28.

[50] 杜景文. 父母受教育程度与家庭教养的关系分析[J]. 太原城市职业技术学

院学报，2010（12）：121-122.

[51] 杜屏，赵汝英，赵德成. 西部五省区农村小学寄宿生的学业成绩与学校适应性研究[J]. 教育学报，2010，6（6）：84-91.

[52] 杜晓晴，周小舟，邓雨薇. 社会组织参与农村留守儿童的教育管理——以北京歌路营教育咨询中心为例[J]. 中国青年社会科学，2018，（2）：111-116.

[53] 范先佐，曾新，郭清扬. 义务教育均衡发展与农村中小学教师队伍建设[J]. 教育与经济，2013（6）：36-43，53.

[54] 范先佐，郭清扬. 农村留守儿童教育问题的回顾与反思[J]. 中国农业大学学报（社会科学版），2015，（1）：55-64.

[55] 范先佐. 义务教育均衡发展与农村教育难点问题的破解[J]. 华中师范大学学报（人文社会科学版），2013，（2）：148-157.

[56] 方怀胜. 中小学生的学校适应及教师的指导[J]. 北京教育学院学报：社会科学版，2003，17（3）：46-49.

[57] 甘琼英. 义务教育阶段农村寄宿制学校管理的现状与思考——基于 G 省23 所农村寄宿制学校的调查[J]. 上海教育科研，2014（5）：22-25，13.

[58] 高正绪. 山区农村寄宿保育制小学研究[J]. 现代中小学教育，2002（10）：1-4.

[59] 关颖. 未成年人家庭保护的社会学思考[J]. 理论与现代化，2007（6）：115-119.

[60] 郭楚如，吴泽敏，郭少玲，等. 不同年级和性别小学生学习适应性比较分析[J]. 中国民康医学，2003，15（12）：737-737.

[61] 郭法奇，董国材. 现代教育的早期探索：霍尔教育思想研究[J]. 贵州大学学报（社会科学版），2017，35（1）：123-129.

[62] 郭清扬. 义务教育均衡发展与农村寄宿制学校建设[J]. 教育与经济，2014，（4）：36-43.

[63] 韩进之，魏华忠. 我国中、小学生自我意识发展调查研究[J]. 心理发展与教育，1985（1）：11-18.

[64] 郝振君. 团体心理辅导在聋生心理健康教育中的运用[J]. 中国特殊教育，2005（10）：26-31.

[65] 贺武华. 农村寄宿制学校办学发展的价值重构与功能再造[J]. 浙江社会科学，2015（3）：96-102，159.

[66] 洪明. 当前我国家庭教育的焦点难点问题透视——基于 600 份家庭教育咨询案例分析[J]. 中国青年研究, 2012 (11): 55-59, 79.

[67] 侯海波, 吴要武, 宋映泉. 低龄寄宿与农村小学生人力资本积累——来自"撤点并校"的证据[J]. 中国农村经济, 2018 (7): 113-129.

[68] 黄汉如, 罗增雄. 关于中小学校布局调整的思考[J]. 当代教育论坛, 2006 (6): 50

[69] 黄启明, 扈中平. 生活教育视域下的寄宿制学校生活管理——基于桂东山区寄宿制小学的调查[J]. 教育研究与实验, 2015 (4): 42-46.

[70] 霍如涛, 郑俊宝, 林宝, 赵映明. 父母职业因素对大学生心理健康的影响[J]. 内蒙古科技与经济, 1999 (S1): 3-5.

[71] 季成叶. 预防校园暴力: 一项值得高度关注的公共卫生课题[J]. 中国学校卫生, 2007 (3): 193-196.

[72] 贾伟, 陈景红. 农村留守儿童寄宿制学校管理问题审视[J]. 教学与管理, 2017 (10): 12-14.

[73] 贾勇宏, 曾新. 农村中小学布局调整对教育起点公平的负面影响——基于全国 9 省 (区) 的调查[J]. 华中师范大学学报 (人文社会科学版), 2012 (3): 143-153.

[74] 贾勇宏. 农村中小学布局调整中的弱势伤害与补偿——基于全国 9 省 (区) 的调查[J]. 教育发展研究, 2012, 32 (21): 22-29.

[75] 教育部文化部国家新闻出版广电总局关于加强新时期中小学图书馆建设与应用工作的意见[J]. 中华人民共和国教育部公报, 2015 (6): 31-34.

[76] 雷万鹏, 汪曦雷. 寄宿制学校成本与财政拨款权重实证研究[J]. 中国教育学刊, 2013 (6): 11-15.

[77] 李斌辉. 教师能否"为了学生的一切"——对教师责任扩大化的一种反思[J]. 教育发展研究, 2010, 30 (12): 35-40.

[78] 李豆豆, 王全权, 苏雷. 大学新生学习适应性影响因素探析[J]. 黑龙江教育学院学报, 2015 (8): 94-95.

[79] 李国庆. 从"中心"到"对话": 现代西方师生观的新发展[J]. 教育科学, 2005, 21 (2): 33-36.

[80] 李辉, 朱丽芬, 李梅. 大学生学校适应性研究综述[J]. 云南师范大学学报 (哲学社会科学版), 2006 (2): 125-127.

[81] 李慧娟，黄晓玲，王文广，张朝. 父母职业对儿童心理行为的影响[J]. 中国妇幼保健，2005（6）：30–31.

[82] 李慧敏. 农村寄宿生生活现状及改善对策探究[J]. 教学与管理，2017（36）：65–67.

[83] 李军，刘凤华. 河北省农村低龄寄宿教育的现状与策略[J]. 衡水学院学报，2012（3）：94–96.

[84] 李路路，王鹏. 转型中国的社会态度变迁（2005—2015）[J]. 中国社会科学，2018（3）：83–101，207.

[85] 李茂林，王博，贺迪清，等. 高效而坚实的跨越 ——安化县调整中小学校布局解秘[J]. 湖南教育，2003（19）：10–13.

[86] 李勉，张平平，王耘. 国外中小学寄宿制学校的办学管理经验及其影响[J]. 河北师范大学学报（教育科学版），2017（5）：123–128.

[87] 李晓驷，张育麟，张志军，沈心芳，王莉，杨丽达，王克明. 独生子女与非独生子女间个性差异的研究[J]. 上海精神医学，2001（1）：22–24.

[88] 李长英，罗平云. 西部山区离村儿童学习适应性研究——基于重庆 T 中学的调研[J]. 现代中小学教育，2013（10）：62–65.

[89] 梁朝辉，杨杰军，吴云娟. 爱与责任，护佑低龄寄宿生健康起步——广西龙胜各族自治县低龄小学生寄宿管理纪实[J]. 中国民族教育，2005（5）：18–21.

[90] 刘朝军，田素英等. 寄宿制和非寄宿制学校高中生心理健康状况比较[J]. 中国临床康复，2004（27）：5782–5784.

[91] 刘磊，符明弘，范志英. 流动儿童家庭教养方式和学习适应性的相关研究[J]. 长江师范学院学报，2010（5）：144–147.

[92] 刘利民. 学校教育与家庭教育的边界[J]. 中国教育学刊，2017（7）：43–47.

[93] 刘胜琳. 小学新生适应学校生活的状况调查研究[J]. 四川师范大学学报：社会科学版，2001，28（1）：92–96.

[94] 龙宝新. 当代中国儿童成长的教育境遇及其改善[J]. 吉首大学学报（社会科学版），2019，40（3）：69–77.

[95] 吕吉，刘亮. 农村留守儿童家庭结构与功能的变化及其影响[J]. 中国特殊教育，2011（10）：59–62.

[96] 马欣仪，凌辉，李新利，等. 寄宿与非寄宿小学生学习适应性、心理健康

与学业成绩比较[J]. 中国临床心理学杂志，2013，21（3）：497–499.

[97] 聂衍刚，郑雪，张卫. 中学生学习适应性状况的研究[J]. 心理发展与教育，2004，20（1）：23–28.

[98] 庞丽娟，韩小雨. 农村中小学布局调整的问题、原因及对策[J]. 教育学报，2005（4）：90–96.

[99] 庞晓鹏，龙文进，董晓媛，曾俊霞. 农村小学生家长租房陪读与家庭经济条件——学校布局调整后农村小学教育不公平的新特征[J]. 中国农村观察，2017（1）：97–112，143.

[100] 彭迪. 驻校社工，阳光般陪伴孩子们成长[J]. 社会与公益，2012（7）：29.

[101] 齐良书，赵俊超. 营养干预与贫困地区寄宿生人力资本发展——基于对照实验项目的研究[J]. 管理世界，2012（2）：52–61，72.

[102] 申雨凡，李诺，李丹，等. 萨提亚模式一致性研究评述[J]. 四川民族学院学报，2012（2）：90–94.

[103] 沈卓卿. 论社会经济地位对儿童学业发展的影响[J]. 教育研究，2014（4）：70–76.

[104] 史耀波，赵欣欣. 父母外出务工与寄宿制：哪个对农村学生辍学影响更大？——基于西部三省1881名初中生的实证分析[J]. 教育与经济，2016（5）：78–83，90.

[105] 史耀疆，王欢，罗仁福，张林秀，刘承芳，易红梅，岳爱，Scott Rozelle. 营养干预对陕西贫困农村学生身心健康的影响研究[J]. 中国软科学，2013（10）：48–58.

[106] 宋乃庆，邵忠祥. 义务教育学生营养改善计划实施的问题与对策[J]. 中国教育学刊，2014（10）：1–4.

[107] 宋平. 城镇化进程中农村教育面临的问题及其对策[J]. 教学与管理，2017，（6）：34–36.

[108] 苏蕾，杨兆山. 农村寄宿制小学学生学校适应状况影响因素分析与对策[J]. 长春理工大学学报：高教版，2012（7）：135–137.

[109] 唐一鹏，胡咏梅. "新机制"实施以来我国农村地区家庭义务教育负担研究[J]. 基础教育，2014，（2）：47–63.

[110] 陶菁. 农村留守儿童教育出现的新问题及其对策——对"两免一补"政策效应的调查与思考[J]. 江西社会科学，2007（7）：253–256.

155

[111] 汪淳玉，潘璐. "文字上移"之后——基于三地农村小学寄宿生学习生活现状的研究[J]. 中国农业大学学报（社会科学版），2012（4）：44–52.

[112] 汪冬梅. 十年农村地区中小学撤点并校：审视与反思[J]. 江苏教育学院学报（社会科学），2013，29（3）：13–18.

[113] 王海英，张强. 驻校社工"嵌入"农村寄宿制学校：问题与策略[J]. 当代教育科学，2015（22）：7–10.

[114] 王海英. 西部农村寄宿制小学：问题与对策[J]. 湖南师范大学教育科学学报，2011，10（5）：56–59.

[115] 王景. 农村中小学布局调整中寄宿制学校建设的思考[J]. 教育理论与实践，2016，36（25）：29–33.

[116] 王利. 内蒙古农村寄宿制学生社会性情感发展分析[J]. 内蒙古师范大学学报（自然科学汉文版），2017（1）：51–55.

[117] 王佩丹，郭楚如，林勇强. 学习适应性与学习成绩的关系[J]. 中国健康心理学杂志，2004，12（3）：228–228.

[118] 王树涛，毛亚庆. 寄宿对留守儿童社会情感能力发展的影响：基于西部11省区的实证研究[J]. 教育学报，2015（5）：111–120.

[119] 王文. 小学生社会性适应的性别差异研究[J]. 内蒙古师范大学学报：哲学社会科学版，2011，40（2）：135–138.

[120] 王亚，李孝川. 云南民族贫困地区寄宿制学校家校合作实施路径研究——基于 SWOT 分析的视域[J]. 昭通学院学报，2017，39（2）：6–12.

[121] 王艳东，王慧娟. 农村寄宿制小学的现状分析[J]. 教育实践与研究，2006（11A）：26–27.

[122] 王莹. 儿童"失乐园"——标准化学校建筑对童年的放逐及寻回[J]. 教育科学研究，2018（4）：31–35.

[123] 王勇. 论家庭教育与儿童社会化[J]. 兰州学刊，2005（5）.

[124] 王永丽，林崇德，俞国良. 儿童社会生活适应量表的编制与应用[J]. 心理发展与教育，2005，21（1）：109–114.

[125] 魏国清. 山区寄宿制小学的家庭化教育[J]. 河北教育：综合版，2006（6）：28.

[126] 邬志辉，史宁中. 农村学校布局调整的十年走势与政策议题[J]. 教育研究，2011，32（7）：22–30.

[127] 吴方文，宋映泉，黄晓婷. 校园欺凌：让农村寄宿生更"受伤"——基于17841 名农村寄宿制学校学生的实证研究[J]. 中小学管理，2016（8）：8–11.

[128] 吴敏，时松和，杨翠萍. 父母文化程度、职业、期望值及教育方式等因素对大学生心理健康水平的影响[J]. 郑州大学学报：医学版，2007，42（6）：1184–1187.

[129] 吴要武，侯海波. 校园欺凌的影响与对策——来自农村寄宿制小学的证据[J]. 劳动经济研究，2017（6）：36–55.

[130] 吴重涵，张俊，王梅雾. 是什么阻碍了家长对子女教育的参与——阶层差异、学校选择性抑制与家长参与[J]. 教育研究，2017（1）：85–94.

[131] 吴重涵. 制度化家校合作与儿童成长的相关性研究[J]. 教育科学研究，2018，283（10）：94–98.

[132] 吴重涵. 从国际视野重新审视家校合作——《学校、家庭和社区合作伙伴：行动手册》中文版序[J]. 教育学术月刊，2013（1）：108–111.

[133] 武向荣. 农村贫困地区家庭教育支出及负担的实证研究——基于宁夏两个国家级贫困县的调查[J]. 教育理论与实践，2015，35（16）：21–25.

[134] 夏昌艺，张建林. 关于兴办山区保育寄宿制小学的思考[J]. 教学与管理，2000（10）：16–18.

[135] 谢治菊. 教育均衡视域下农村寄宿制学校建设探析——基于访谈记录的分析[J]. 教育财会研究，2013，24（4）：50–55，64.

[136] 徐亚青. 小学生学习适应性现状调查及对策研究[J]. 上海教育科研，1998（9）：3–5.

[137] 严鸿，朱霞桃. 寄宿制学校对农村"留守儿童"教育影响的调查[J]. 现代中小学教育，2006（1）4：6.

[138] 颜华平. 小学生生活适应性对学业成就的影响研究[J]. 山西师大学报：社会科学版，2010（S1）：141–142.

[139] 杨春华. 农村留守儿童与寄宿制教育——试析生活经验缺失对未成年人的影响[J]. 南开学报（哲学社会科学版），2018（2）：80–87.

[140] 杨帆. 进步主义教育运动的开端：库克实习学校实验[J]. 河北师范大学学报（教育科学版），2018，20（3）：76–83.

[141] 杨光艳，陈青萍. 同伴关系的功能及其对学业成绩的影响[J]. 衡水学院学

报，2006（3）：61–64.

[142] 杨雪梅，叶峻. 小学生学习适应性发展的研究[J]. 四川心理科学，2001（3）：36–37.

[143] 杨宇轩，王小娟，胡森科，张敬华，彭田苗，郭坤，于燕. 陕西某县小学生营养状况及相关因素研究[J]. 中国妇幼健康研究，2013，24（4）：474–477，590.

[144] 杨兆山，王守纪，张海波. 农村寄宿制学校学生的适应问题[J]. 东北师大学报：哲学社会科学版，2011（3）：167–171.

[145] 杨兆山，高鹏. 农村寄宿制学校低龄学生的适应问题与对策——基于中西部三省区的调查[J]. 现代教育管理，2012（7）：37–41.

[146] 姚松，高莉亚. 大规模兴建寄宿学校能更好促进农村学生发展吗?[J]. 教育与经济，2018（4）：53–60.

[147] 姚姿如. 丰富农村寄宿制学校生活的思考[J]. 东北师大学报：哲学社会科学版，2011（3）：176–180.

[148] 一峰."环境"、"境遇"、"规定情景"与境——范钧宏戏曲编剧论著学习札记[J]. 民族艺术，1993（1）：29–44.

[149] 于守臣，宋彦. 1414 名中学生心理健康状况调查[J]. 中国心理卫生杂志，1994（1）：7–8.

[150] 余毅震，胡虞志，王玉玲，等. 父母教育方式对青少年心理健康影响的研究[J]. 中国学校卫生，1996（2）：89–91，161.

[151] 俞国良. 学习不良儿童的家庭环境及其与社会性发展的关系[J]. 心理发展与教育，1997（1）：44–48.

[152] 张俊，吴重涵，王梅雾. 家长和教师参与家校合作的跨界行为研究——基于交叠影响域理论的经验模型[J]. 教育发展研究，2018（2）：78–84.

[153] 张燕. 后撤点并校时代农村寄宿制学校发展研究[J]. 教学与管理，2017，（18）：37–40.

[154] 赵波. 论大学生生活适应问题及对策[J]. 南京邮电大学学报：社会科学版，2002（2）：34–38.

[155] 赵丹，曾新. 义务教育均衡发展背景下农村学校规模对教育质量的影响[J]. 现代教育管理，2015（3）：26–30.

[156] 赵丹，王怀秀，吴宏超. 农村学校布局调整对县域义务教育均衡发展的

影响与对策研究——基于西北地区 Y 县的实证调查[J]. 西部学刊，2014（4）：38–41.

[157] 赵记辉. 校园暴力系统性预防的实践与反思[J]. 教学与管理，2018（6）：55–58.

[158] 赵静，柴海鹰，徐海泉，张倩，郝鑫，石丽文，宋轶，胡小琪. 我国农村寄宿制学校食堂供餐和饮水状况[J]. 中国学校卫生，2010，31（9）：1040–1041.

[159] 赵伟. 校园暴力视角下的校园安全体系建设[J]. 河南警察学院学报，2012，21（1）：27–30.

[160] 郑磊，卢珂. 转学对学生成绩的影响：来自中国西部农村的证据[J]. 教育学报，2011（2）：80–88.

[161] 郑文珍，学生物理学业不良的心理成因及对策探析[J]. 现代中小学教育，2007（6）：54–57.

[162] 周世军，李清瑶，崔立志. 父母学历与子女教育——基于 CGSS 微观数据的实证考察[J]. 教育与经济，2018（3）：46–53，74.

[163] 邹泓. 同伴接纳、友谊与学校适应的研究[J]. 心理发展与教育，1997（3）：57–61.

[164] 邹联克，罗忠勇，任世晟. 贵州省寄宿制初级中学管理现状与对策研究[J]. 贵州教育，2011（11）：4–11.

[165] 左坤，李亚娟. 家校合作：教育时空系统对话互动与联通——以南京市家校合作教育追求与实践探索为例[J]. 上海教育科研，2019（4）：49–52.

[166] 陈小娅. 教育部谈"实施'两基'攻坚，推进西部教育"[EB/OL].（2007–11–30）[2019–05–08] http:/ /www. gov. cn/zxft/ft75/.

[167] 人民网. 国家学生资助政策体系简介（2015）[EB/OL].（2015–8–12）[2019–05–08]http://edu.people.com.cn/kaoyan/n/2015/0812/c112975–27450813.html

[168] 全国妇联课题组. 我国农村留守儿童、城乡流动儿童状况研究报告（全文）[EB/OL].（2016–3–1）[2019–05–08] http://acwf.people.com.cn/n/2013/0510/c99013–21437965. html

[169] 董世华. 重构农村寄宿校经费保障机制[N]. 中国教育报，2013–10–24（5）.

[170] 郭法奇. 儿童观的演进影响现代教育发展[N]. 中国社会科学报，

2018–12–20（4）.

[171] 王守纪，翟月. 针对寄宿学生调整管理策略[N]. 中国教育报，2008–10–14
（6）.

[172] 吴文春. 地方高校大学生学校归属感及影响因素[N]. 中国社会科学报，
2018–03–05（6）.

外文文献

[1] Arkoff，A. Adjustment and Mental Health[M]. New York：McGraw–Hill，
1968.

[2] Duffell，N. The Making of Them：The British Attitude to Children and the
Boarding School System[M]. London：Lone Arrow Press，2000.

[3] Epstein，J. L，& Sheldon，S. B. School，Family，and Community Partnerships：
Your Handbook for Action[M]. CA：Sage Publications，2009.

[4] WHO. Violence Prevention：An Important Element of a Health Promoting
School[R]. Geneva：World Health Organization. 1998.

[5] Lewis，J. w. Self–evaluation as Mediators of the Effects of Parenting on
Children's Adjustment [D]. Washington：George Mason University，1995.

[6] Amith Ben–David，Tamar Erez–Darvish. The Effect of the Family on the
Emotional Life of Ethiopian Immigrant Adolescents in Boarding Schools in
Israel[J]. Residential Treatment for Children & Youth，1997，15（2）.

[7] Arrindell W A，Emmelkamp P M G，Brilman E，et al. Psychometric evaluation
of an Inventory for Assessment of Parental Rearing Practices[J]. Acta
Psychiatrica Scandinavica，1983，67（3）：163–177.

[8] Bank W. World Development Report 2000/2001：Attacking Poverty[J]. World
Bank Publications，2001，39（6）：1145–1161.

[9] Bar–Nir，Schmid. Psychosocial Treatment and Relations Between Children in
Residential Boarding Schools and Their Parents[J]. Child & Family Social
Work，2002，3（4）：247–257.

[10] Robert Beavers，Robert B. Hampson. The Beavers Systems Model of Family
Functioning[J]. Journal of Family Therapy，2000，22（2）.

[11] Berndt T J. The Features and Effects of Friendship in Early Adolescence[J].

Child Development，1982，53（6）：1447–1460.

[12] Birch S H，Ladd G W. Children's Interpersonal Behaviors and the Teacher–child Relationship[J]. Developmental Psychology，1998，34（5）：934–946.

[13] Bowlby J . Attachment and loss[J]. Educational Psychology in Practice，1973.

[14] Bundy D，Burbano C，Grosh M，et al. Rethinking school feeding：Social Safety nets，Child Development，and the Education sector[J]. General Information，2009（100）：1–163（163）.

[15] Chang L，Mcbride–Chang C，Stewart S，et al. Life Satisfaction，Self–concept，and Family Relations in Chinese Adolescents and Children[J]. International Journal of Behavioral Development，2003，27（2）：182–189.

[16] FrederickShane，LoewensteinGeorge. Hedonic Adaptation[J]. Well Being–The Foundations of Hedonic Psychology，1999：302–329.

[17] Greenhalgh T，Kristjansson E，Robinson V. Realist Review to Understand the Efficacy of School Feeding Programmes[J]. Child Care Health & Development，2008，34（2）：858.

[18] Harris D N，Sass T R. Teacher Training，Teacher Quality and Student Achievement[J]. Journal of Public Economics，2011，95（7–8）：798–812.

[19] Helsen M，Vollebergh W，Meeus W. Social Support from Parents and Friends and Emotional Problems in Adolescence[J]. Journal of Youth & Adolescence，2000，29（3）：319–335.

[20] Howes C，Hamilton C E，Matheson C C. Children's Relationships with Peers：Differential Associations with Aspects of the Teacher-Child Relationship[J]. Child Development，1994，65（1）：253–263.

[21] ItskowitzR ，Orbach I，Yablon Y. The Effect of Group Therapy and Correspondence with Family on Students' Adjustment to Boarding School[J]. School Psychology International，1990，11（4）：243–252.

[22] Kleinfeld J ，Bloom J . Boarding Schools：Effects on the Mental Health of Eskimo Adolescents. [J]. American Journal of Psychiatry，1977，134（4）：411–7.

[23] Ivan W. Miller，Christine E. Ryan，Gabor I. Keitner，Duane S. Bishop，Nathan B. Epstein. The McMaster Approach to Families：Theory，Assessment，

Treatment and Research[J]. Journal of Family Therapy, 2000, 22（2）: 168–189.

[24] Olson D H, Sprenkle D H, Russell C S. Circumplex model of marital and family system: I. Cohesion and Adaptability Dimensions, Family Types, and Clinical Applications. [J]. Pubmed, 1979, 18（1）.

[25] Pianta R C, Steinberg M S, Rollins K B. The First Two Years of School: Teacher-child Relationships and Deflections in Children's Classroom Adjustment. [J]. Development & Psychopathology, 1995, 7（2）: 295–312.

[26] Rappaport N. School violence. J Am Acad Child Adolesc Psychiatry[J]. 2001, 40（9）: 992–998.

[27] Richard Stokes. Developing a Boarding Standard for Australia[J]. Boarding School（The Magazine of the Boarding Schools' Association）, 2015,（42）: 22–23.

[28] Schaverien, J. Boarding School Syndrome: Broken Attachments a Hidden Trauma[J]. British Journal of Psychotherapy, 2011, 27（2）: 138–155.

[29] SchmidH, Barnir D. The Relationship Between Organizational Properties and Service Effectiveness in Residential Boarding Schools[J]. Children & Youth Services Review, 2001, 23（3）: 243–271.

[30] Shek DT, Family Functioning and Psychological Well-Being, School Adjustment, and Problem Behavior in Chinese Adolescents With and Without Economic Disadvantage[J]. Journal of Genetic Psychology, 2002, 163（4）.

[31] Fisher Shirley, Frazer Norman, Murray Keith. Homesickness and Health in Boarding School Children[J]. Fisher Shirley;FrazerNorman;Murray Keith, 1986, 6（1）: 35–47.

[32] Harvey Skinner, Paul Steinhauer, Gill Sitarenios. Family Assessment Measure（FAM）and Process Model of Family Functioning[J]. Journal of Family Therapy, 2000, 22（2）: 190–210.

[33] Smith C A, Lazarus R S. Emotion and Adaptation[J]. Journal of Nervous & Mental Disease, 1991, 181（3）.

[34] Steinberg L, Elmen J D, Mounts N S. Authoritative Parenting, Psychosocial Maturity, and Academic Success Among Adolescents. [J]. Child Development, 1989, 60（6）: 1424–1436.

[35] StoolmillerM，Eddy J M，Reid J B. Detecting and Describing Preventive Intervention Effects in a Universal School-based Randomized Trial Targeting Delinquent and Violent Behavior. [J]. Journal of Consulting & Clinical Psychology，2000，68（2）：296-306.

[36] Van d W P C，Oosthuizen I，Wolhuter C C. The Relationship Between an Effective Organizational Culture and Student Discipline in a Boarding School[J]. Education and Urban Society，2007，40（2）：205-224.

[37] Wentzel K R，Asher S R. The Academic Lives Of Neglected，Rejected，Popular，and Controversial Children. [J]. Child Development，1995，66（3）：754-63.

[38] Wentzel K R，Barry M N，Caldwell K A. Friendships in Middle School：Influences on Motivation and School Adjustment. [J]. Journal of Educational Psychology，2004，96（96）：195-203.

[39] Wenz G M，Siperstein G N. Students with Learning Problems at Risk in Middle School：Stress，Social Support，and Adjustment[J]. Exceptional Children，1998，65（1）：91-100.

[40] Zettergren P. School Adjustment in Adolescence for Previously Rejected，Average and Popular Children [J]. British Journal of Educational Psychology，2003，73（2）：207-221.